산소를 소개하는 산소책

박정란·서재인 글 | 권석란 그림

살림어린이

머리말

"산소로 말할 것 같으면!" 산소 소개 프로젝트

누구나 이런 경험이 있을 거예요. 수업 시간에 짝꿍이 하품을 하면 졸리지 않은데도 나도 따라 하품이 하고 싶어져요. 하품이 메아리처럼 옮겨 가는 거지요.

사람은 몸에 산소가 부족하면 입을 크게 벌려 하품을 한다고 해요. 한꺼번에 많은 산소를 들이마시기 위해서요. 하품이 전염되는 이유는 정확히 밝혀지지 않았어요. 하지만 사람들 사이에서 꽤 그럴듯하게 여겨지는 이야기가 있어요. 옆 친구가 하품을 하면, 산소가 모자랄까 봐 나도 모르게 하품을 하게 되는 것이라고요. 이 이야기가 그럴듯한 데는 이유가 있겠지요? 그만큼 우리에게 산소가 꼭 필요하다고 느꼈기 때문 아닐까요?

사람을 비롯한 많은 생물은 산소를 들이마시지 않으면 죽을 수밖에 없어요. 산소를 이용해 살아가도록 아주 오랜 시간 동안 진화해 왔으니까요. 우리가 이 땅에 숨 쉬며 살아갈 수 있는 건 다 산소 덕분이라는 이야기지요.

산소는 숨을 쉴 때만 필요한 거 아니냐고요? 만약 들을 수 있다면 산소가 무지 섭섭해하겠어요. 우리 몸속 세포들이 에너지를 얻을 때도, 연료를 태워 에너지를 얻을 때도 산소는 중요한 역할을 해요. 산소 없이는 불이 일어날 수가 없어요. 사람에게 불이 없었다면 어떻게 되었을지 상상해 보세요. 컴컴한 동굴에서 추위에 벌벌 떨며 동물과 같은 삶을 살았을지도 몰라요. 산소가 없었다면 우리는 지금과 같은 문명을 이루지 못했을 거예요. 아니, 그 전에 생존 자체가 불가능했겠지요.

이렇게 중요한 산소에 대해 우리는 얼마나 알고 있을까요? 산소는 언제 지구에 나타났는지, 어떤 특징을 가진 물질인지, 우리 몸속에서 무슨 일을 하는지, 우리 삶에 어떤 영향을 미치는지, 그리고 점점 부족해져 가는 산소를 지키기 위해 어떻게 해야 하는지와 같이 물으면 우리는 자신 있게 대답할 수 있을까요?

『산소를 소개하는 책』을 기획한 이유는 친구들에게 지금껏 몰랐던 산소에 대해 소개하고 싶었기 때문이에요. 산소에 대한 궁금증과 호기심을 충족하길 바라는 마음에서 되도록 자세하고 꼼꼼하게 소개했어요. 이 책을 통해 어린이 여러분이 산소와 조금 더 친해지길 바라요. 나아가 다른 친구들에게도 자신 있게 산소를 소개해 줄 수 있으면 좋겠어요.

이제 산소에 대한 이야기를 시작해 볼게요!

글쓴이 *박정환, 서재인*

차례

머리말 "산소로 말할 것 같으면!" 산소 소개 프로젝트 ... 4

1 나는 누구일까?

11가지 키워드로 보는 ○○의 모든 것 ... 12

2 나를 찾아 줘!

우주에서 산소가 처음 태어난 날 ... 18
인문과 만난 과학 옛사람들이 상상한 우주 가장 오래된 산소를 발견하다! ... 20

산소, 드디어 지구에 모습을 드러내다! ... 22
인문과 만난 과학 하늘과 땅 사이 이집트 천지 창조 신화 속 공기 ... 24

산소와 함께한 지구 생명체의 역사 ... 26
인문과 만난 과학 산소 없이도 살 수 있다고? 혐기성 생물의 놀라운 비밀 ... 28

'불의 공기'를 찾아낸 과학자 셀레 ... 30
인문과 만난 과학 신비의 영약물 찾아서! 연금술사와 산소 ... 32

'플로지스톤이 없는 공기'와 프리스틀리　　　　　　　　　34
인문과 만난 과학　산소, 그림 속 주인공이 되다! **산소를 그린 그림**　36

라부아지에, 산소의 '진짜 정체'를 밝히다!　　　　　　　38
인문과 만난 과학　산소를 발견한 과학자들 **반전 넘치는 뒷이야기**　40

3 나도 성질이 있다고!

산소와 만나면 물질의 성질이 바뀐다?　　　　　　　　46
인문과 만난 과학　산소 맞은 〈수련〉 다시 피어나다! **불탄 그림을 복원한 산소**　48

우리 주변에서 볼 수 있는 다양한 산화물　　　　　　　　50
인문과 만난 과학　구석기 시대의 물감은 산소? **산화와 색깔**　54

산소 없이는 타오를 수 없어!　　　　　　　　　　　　　56
인문과 만난 과학　인류는 어떻게 불을 얻었을까? **불의 기원**　58

식물이 광합성만 하는 줄 알았지?　　　　　　　　　　　60
인문과 만난 과학　해리 포터가 물에서 숨 쉴 수 있었던 비밀 **허파와 아가미**　64

산소의 형제 물질 '오존'　　　　　　　　　　　　　　　66
인문과 만난 과학　업적이 허물이 되다! **오존층을 파괴하는 프레온 가스**　70

4 나와 사람

사람은 왜 숨을 쉬어야 해?　　　　　　　　　　　　　74
인문과 만난 과학　들숨과 날숨 사이에서 **숨이 선물한 악기**　78

산소의 사람 몸속 여행길　　　　　　　　　　　　　　82
인문과 만난 과학　붉은색이 품은 놀라운 상징 **혈액과 산소의 관계**　84

뇌는 산소를 정말 좋아해!　　　　　　　　　　　　　　86
인문과 만난 과학　공부 중에 환기는 필수! **집중력을 높여 주는 산소**　88

감기에 걸렸을 때는 산소를 불러 줘! 90
<small>인문과 만난 과학</small> 집 안에 숲을 들이다! 산소를 내뿜는 정원 91

비상사태, 산소가 모자라! 94
<small>인문과 만난 과학</small> 산소가 부족한 곳에 사는 사람들 고산 지대 이야기 96

나쁜 산소도 있다고? 100
<small>인문과 만난 과학</small> 마시고 먹고 즐기고! 산소가 풍부한 음식과 조리법 102

산소는 스트레스를 싫어해! 104
<small>인문과 만난 과학</small> 스트레스를 없애 주는 요가 한 동작 호흡과 스트레스 105

유산소 운동 + 무산소 운동 = 스트레스야, 잘 가! 108
<small>인문과 만난 과학</small> 경기장에 '산소 탱크'가 떴다! 폐활량과 산소 110

산소는 의사 선생님 112
<small>인문과 만난 과학</small> 우주 정거장의 공기 정화는 식물한테 맡겨! 식물의 또 다른 능력 114

5 생활과 경제도 나를 좋아해!

'산소통'을 메고 일하는 사람들 120
<small>인문과 만난 과학</small> 호이 호이, 바다에 울려퍼지는 숨비 소리 해녀와 산소 122

생활 속 놀라운 산소 활용법 124
<small>인문과 만난 과학</small> 산소, 로켓을 날리다! 로켓과 액체 산소 126

오염된 물을 구하는 산소 128
<small>인문과 만난 과학</small> 옹기, 수족관으로 대 변신! 산소를 머금은 그릇 '옹기' 130

농업과 어업에서도 산소는 인기 스타! 134
<small>인문과 만난 과학</small> 산소를 대신하는 지혜 삼투 현상과 돌려짓기 136

새롭게 떠오르는 산소 시장 138
<small>인문과 만난 과학</small> 젊음과 건강의 샘물? 산소와 미네랄이 풍부한 '약수' 140

6 나와 환경을 지켜 줘!

지구의 목마른 외침 "산소가 부족해!"   144
`인문과 만난 과학` 산소 한 캔에 얼마예요? 깨끗한 산소를 사고파는 사람들   146

산소냐 미세 먼지냐, 그것이 문제로다!   148
`인문과 만난 과학` 중국의 미세 먼지 정화 프로젝트! 세계 최대의 공기 청정기   149

산소보다 경제 발전이 중요하다고?   152
`인문과 만난 과학` 디자인이 환경과 산소를 살린다! 에코 디자인   155

산소를 지키는 작지만 큰 실천   158
`인문과 만난 과학` 이산화 탄소를 쪼개면 산소가 된다? 『마션』에서 배우는 산소를 만드는 방법   160

7 나를 대신할 수 있는 것은 없을까?

지구에서 산소가 영영 사라진다면?   164

나는 세상 어디에나 존재하며 생물이 살아가는 데 꼭 필요해.
누구나 내 이름을 알고 있지만, 어디에 어떻게 존재하고
어떤 모습인지는 정확히 모르지. 나는 누구일까?

1. 나는 누구일까?

나에 대한 11가지 힌트를 줄 테니 한번 맞춰 봐!

11가지 키워드로 보는 ○○의 모든 것

#無(없을 무)

나는 냄새와 색, 맛이 없어. 눈에 보이지도 않지. 하지만 지구상에 내가 없는 곳은 없어. 살아 있는 모든 것은 나로 구성되어 있고, 나 없이는 살 수 없지.

#O

나는 원소 중에 하나야. 원소는 모든 물질을 구성하는 기본 요소로, 내 원소 기호는 O야. 나는 보통 2개의 원자가 결합한 상태(O_2)로 존재해.

#8

원자는 원자핵과 전자로 이루어져 있어. 원자핵은 다시 양성자와 중성자로 나뉘지. 나는 양성자 8개를 갖고 있어서 원자 번호가 8이야.

#O₃

오존(O_3)은 나와 동소체야. 동소체는 같은 종류의 원소로 구성되어 있지만 구조가 다른 물질을 말해. 내 원자 3개가 결합하면 오존이 되는 거야. 나를 가열하거나 자외선, X선 등이 공기 속을 통과할 때 오존이 발생해.

#산화

나는 거의 모든 원소와 결합해서 산화물을 만들어. 갈변된 사과도 산화물이지. 세상에는 헤아릴 수 없이 많은 산화물이 있어.

#연소

연소는 물질이 빛과 열을 내며 타는 현상이야. 나는 스스로 연소하지는 못해. 하지만 어떤 물질이 연소하려면 반드시 내가 필요해.

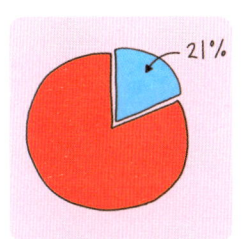

#21%

나는 지구를 둘러싼 공기 중에 21퍼센트를 차지해. 질소 다음으로 많지.

#65%
사람의 몸을 이루는 여러 원소 가운데 65퍼센트가 바로 나야.

#200~550L
사람은 하루 동안 200~550리터의 나를 필요로 해. 몸 안에서는 특히 뇌가 나를 좋아한단다!

#호흡
나는 동물과 식물이 숨 쉬며 살아가는 데 꼭 필요해. 나를 들이마셔야 호흡할 수 있거든.

#광합성
나는 광합성 과정에서 생성돼. 광합성이란 식물이 물과 이산화 탄소, 햇빛을 흡수해서 유기물을 만드는 일이야. 나를 많이 만들어 내고 싶다면 식물을 많이 심고 가꾸면 돼.

지금부터 나에 대해서 하나하나 소개할게.
먼저 내가 어디에서 왔는지, 지구에 어떻게 생겨났는지,
그리고 사람들이 나를 언제 찾아냈는지를 알려 주지!

2. 나를 찾아 줘!

식물이 신선한 공기를 만들어 내는 거구나!

아하!

우주에서 산소가 처음 태어난 날

나는 책을 통해 너희와 만나고 있어. 책은 종이, 잉크 등의 물질로 이루어진 물체야. 세상에는 수많은 물질이 있어. 그리고 모든 물질은 '원소'라는 작은 알갱이로 이루어졌지.

물질은 한 가지 원소로 이루어져 있기도 하고, 두 가지 이상의 원소로 이루어져 있기도 해. 자연에는 나를 포함해 수소, 헬륨, 탄소, 질소와 같은 100여 개의 원소가 존재한단다. 세상이 아무리 복잡하다 해도 결국 100여 개의 원소로 이루어져 있는 것이지. 정말 놀랍지 않니?

그런데 말이야, 이 원소들은 어디에서 왔을까? 원소가 어디에서 왔는지 밝히려면 아주 먼 옛날로 거슬러 올라가야 해. 약 138억 년 전, '빅뱅'이라는 거대한 폭발로 인해 우주가 만들어졌어. 아주 작은 점에 불과했던 우주는 엄청나게 커져 갔지.

빅뱅 이후, 수소와 헬륨 같은 비교적 가벼운 원소들이 만들어졌어. 이것들이 뭉쳐져 은하와 별이 탄생했지. 별 내부에서는 수소와 헬륨을 재료로 무거운 원소들이 만들어졌는데, 이때 나도 태어난 거야.

그리고 46억 년 전, 비로소 태양과 지구가 생겨났어. 수명을 다한 별이 폭발하면서 남긴 원소들이 뭉쳐져 새로운 별과 행성을 만든 거지.

우주에 가장 많은 원소는 수소야. 하지만 지구에 가장 많은 원소는 바로 산소란다. 내가 어떻게 지구에서 가장 많은 원소가 될 수 있었을까?

인문과 만난 과학 옛사람들이 상상한 우주

가장 오래된 산소를 발견하다!

사람들은 아주 오랜 옛날부터 우주가 어떻게 생겼는지에 대해 궁금증을 품어 왔어. 고대 사람들이 생각한 우주는 어떤 모습일까?

최초로 문명을 이룬 수메르 사람들은 평평한 땅을 둥근 하늘이 천장처럼 덮고 있다고 생각했어. 하늘 아래에는 태양과 달, 별이 있다고 믿었지. 인도 사람들이 생각한 우주의 모습은 더욱 재미있어! 거대한 뱀 위에 거북이 올라가 있고, 거북의 등딱지에 코끼리 네 마리가 서 있는 모습이야. 코끼리들은 반구 모양의 땅을 떠받드는데, 땅 한가운데에는 산이 솟아 있단다. 해와 달은 이 주위를 돌고 있지.

우주를 바라보는 관점은 상상에서 시작해 점점 발전해 갔어. 고대 그리스 사람들은 지구가 둥글다는 제법 과학적인 주장을 내놓았단다. 지구가 우주의 중심으로 고정되어 있으며, 모든 천체가 지구의 둘레를 돈다고 생각했지만 말이야.

오늘날은 과학의 발전으로 우주에 대한 수수께끼가 많이 풀렸어. 하지만 우주가 탄생했을 때의 모습은 아직도 신비에 싸여 있지.

　최근 일본의 한 연구 팀은 지구에서 131억 광년 떨어진 은하를 관측했단다. 131억 년 전의 우주를 관측한 것이나 다름없지. 그리고 그 은하에서 떠돌던 나를 발견한 거야. 연구 팀은 이번 발견이 우주 초기에 내가 어떻게 만들어졌는지 밝히는 중요한 실마리가 될 것으로 기대하고 있어.

광년

천체와 천체 사이의 거리 단위. 1광년는 한 천체에서 뿜어져 나온 빛이 초속 30만 킬로미터의 속도로 1년이 걸려 닿을 수 있는 곳까지의 거리다.

산소, 드디어 지구에 모습을 드러내다!

지구가 처음 생겨났을 때는 공기에 내가 거의 없었어. 오늘날에는 내가 공기의 약 1/5퍼센트나 차지하고 있지만 말이야. 과연 무슨 일이 벌어졌던 걸까?

46억 년 전, 우주의 가스와 먼지 구름이 뭉쳐 지구가 만들어졌어. 지구는 주위에 있던 수많은 행성과 서로 부딪히고 합쳐지면서 점점 커지고 뜨거워졌지. 이때 여러 행성에 있던 질소(N_2), 이산화 탄소(CO_2), 수증기(H_2O) 등이 빠져나와 지구의 공기를 이루었다고 해.

시간이 지나면서 지구가 서서히 식어 갔어. 공기 중의 수증기는 물방울이 되어 땅으로 내려왔지. 이렇게 빗물이 모여 바다를 이루었고, 공기 중의 이산화 탄소가 바닷물에 녹아들기 시작했단다. 그런데 도대체 나는 언제 나타나는 거냐고? 성질도 급하긴!

공기 중에 있던 여러 물질들은 서로 반응해 유기물을 만들었어. 유기물은 탄소(C)와 다른 물질이 결합해 만들어진 것으로, 생물의 몸을 이루고 또 살아가게 해. 이렇게 만들어진 유기물은 마침내 최초의 세포로 변화했단다. 드디어 지구에 생명이 탄생한 거야!

최초의 생명인 단세포 생물은 더욱 진화하여 햇빛을 받아

광합성을 하는 남세균(시아노박테리아)을 탄생시켰어. 그러면서 지구의 역사가 바뀌었지. 남세균이 주변의 풍부한 이산화 탄소와 물을 재료로 해서 유기물과 나를 만들어 냈거든! 광합성에 대해서는 뒤에서 더욱 자세히 설명해 줄게. 나를 소개하는 데 있어서 빠질 수 없는 내용이니까 말이야.

나는 오랜 세월 동안 바다에서 계속 만들어져 지구의 공기 중으로 빠져나왔어. 이 과정을 통해 공기 중에 내가 풍부하게 쌓이게 됐지!

나는 보통의 환경에서 원자 2개가 결합한 기체 상태(O_2)로 존재해. 그런데 셋이 모이면 오존(O_3)이 된단다. 공기 중에 쌓인 나는 오존으로 바뀌어 오존층을 이루기도 했어. 오존층은 태양으로부터 나오는 해로운 자외선을 흡수해서 지구에 사는 생명들을 보호해 주었지. 지구가 생물이 살아가기 좋은 환경으로 바뀐 건 내 덕이라는 말씀, 에헴!

이집트 천지 창조 신화 속 공기

공기는 지구를 둘러싸고 있는 투명한 기체야. 생물이 살아가는 데 꼭 필요하지. 공기의 78퍼센트는 질소, 21퍼센트는 나, 그 밖에는 아르곤과 헬륨, 이산화 탄소와 같은 기체들로 이루어져 있어.

공기의 성분이 정확히 밝혀진 것은 얼마 되지 않은 일이야. 여기에는 과학의 발달이라는 배경이 있었지.

한편 고대 사람들은 세상을 이해하고자 신화를 만들었어. 신화라고 하면 상상으로 만든 엉뚱한 이야기라고 생각하는 사람들이 많아. 그런데 가만히 들여다보면 꽤 과학적인 사고방식을 찾을 수 있어. 천지 창조에 얽힌 이집트 신화를 한번 살펴볼까?

먼 옛날, 세상은 캄캄하고 오로지 바다만 존재했어. 하루는 바다에서 언덕이 솟아올랐고, 거기서 최초의 신 '아툼'이 태어났지. 아툼은 재채기를 해서 공기의 신 '슈'와 습기의 신 '테프누트'를 탄생시켰어. 이 쌍둥이 남매는 결혼해 땅의 신 '게브'와 하늘의 신 '누트'를 낳았단다. 그런데 게브와 누트가 서로 너무 사랑한 나머지 꼭 붙어 있었지 뭐야.

• 파피루스 종이에 그린 이집트 신화야. 슈가 게브와 누트를 갈라놓은 모습이 담겨 있어.

결국 슈가 누트를 들어 올려 땅과 하늘을 떨어뜨렸고, 이렇게 세상이 만들어진 거래.

자, 위에 있는 그림이 신화를 그린 것이야. 게브와 누트 사이에 슈가 우뚝 서 있지? 눈에 보이지 않지만 하늘과 땅 사이에 공기가 있는 것을 고대 사람들도 알았던 게 분명해. 새삼 그들의 경험과 지혜가 대단하게 느껴지는걸?

산소와 함께한 지구 생명체의 역사

여기서 잠깐! 아주 높은 산에 올라갔을 때를 떠올려 봐. 머리가 아프거나 가슴이 답답하지 않았니? 바로 내가 부족했기 때문이야. 나는 생명에게 없어서는 안 되는 존재야. 생명의 역사는 나와 함께 이루어졌다고 해도 과언이 아니지.

지금까지 지구에는 다섯 차례의 큰 멸종이 있었어. 과학자들은 큰 멸종이 일어났던 원인으로 나의 농도가 줄어든 것을 꼽기도 해. 오늘날 나는 공기의 약 21퍼센트를 차지하고 있지만, 그 전에는 농도가 오르락내리락했거든. 지금처럼 산소 농도가 안정된 것은 약 2억 년 전의 일이지.

공기 중에 내가 줄어들면서 많은 생물이 사라져 갔어. 내가 부족해지면 숨 쉬기가 어려우니 목숨을 잃을 수밖에 없었지.

하지만 몸을 진화시켜 살아남은 녀석들도 있어. 그중 하나가 고생대에 살던 삼엽충이야. 삼엽충은 몸의 마디마다 아가미가 달려 있는 모습으로 진화했어. 나를 많이 빨아들일 수 있게 말이지.

공룡 역시 나를 많이 빨아들이기 위해 몸을 발달시켰어. 몸 안에는 허파 외에도 기낭이라고 불리는 공기주머니가 여러 개 있었지. 뼈 안에도 빈 공간들이 있어서 뼈도 공기주머니 역할을 했어. 그래서 나를 많이 저장하고, 더 효율적으로 쓸 수 있었단다. 오늘날 새들이 산소가 부족한 높은 곳에서도 자유롭게 날아다닐 수 있는 비결은 이러한 공룡의 몸을 물려받았기 때문이야.

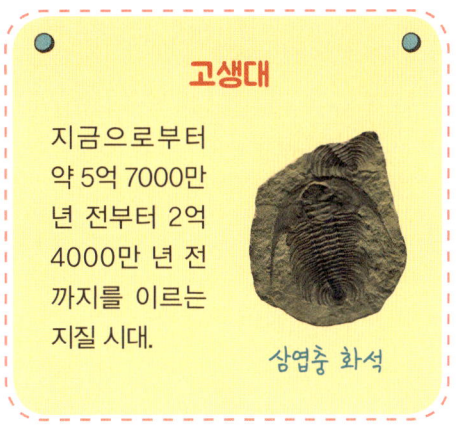

고생대

지금으로부터 약 5억 7000만 년 전부터 2억 4000만 년 전까지를 이르는 지질 시대.

삼엽충 화석

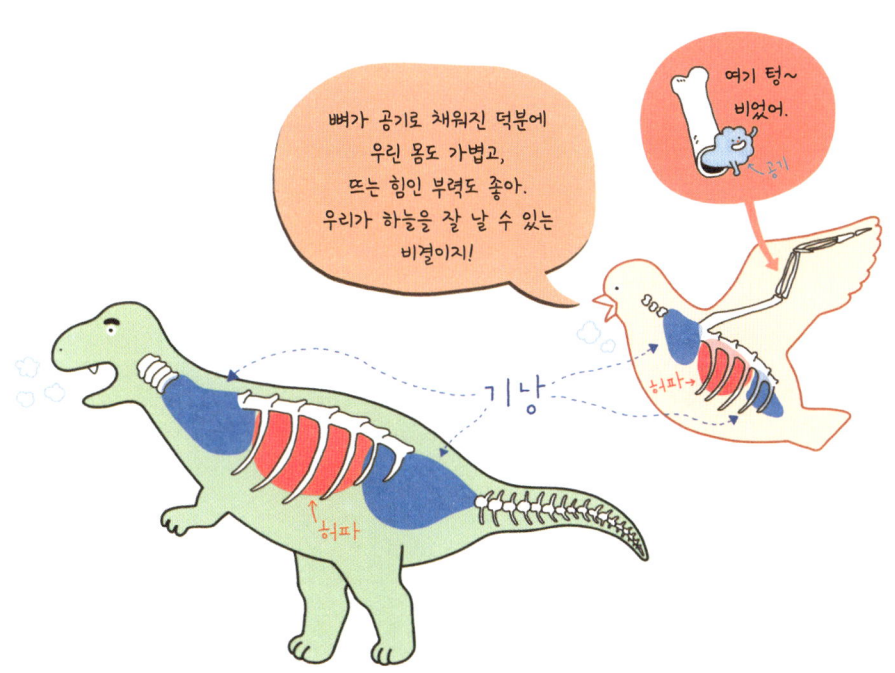

2. 나를 찾아 줘! 27

 인문과 만난 과학 **산소 없이도 살 수 있다고?**

혐기성 생물의 놀라운 비밀

생명체들이 생명을 이어 나가는 데 나는 없어선 안 되는 존재야. 그런데 맙소사! 내가 없어도 살 수 있는 생물이 있대. 믿어지니?

지구가 처음 생겨났을 때 공기 중에는 내가 거의 없었어. 이러한 환경에서 태어난 단세포 생물들에게 나는 반갑지 않은 존재였지. 내가 세포를 변화시키거나 파괴시켜서 오히려 독이 되었거든.

공기 중에 내가 점점 쌓여 가자, 생물들은 나를 이용해 살아갈 수 있

게 진화했어. 나한테 적응하지 못한 녀석들은 대부분 사라졌지. 하지만 몇몇은 내가 없는 곳으로 피해 살아남았단다. 이것이 바로 혐기성 생물이야.

혐기성(嫌氣性)의 한자에는 '공기를 싫어하는 성질'이란 뜻이 있어. 그런데 정확히 따지자면 공기를 싫어하는 게 아니야. 혐기성을 뜻하는 영어 anaerobic을 보면 성질을 더 확실히 풀이할 수 있단다.

aerobic은 나를 필요로 하는 상태를 뜻해. 여기에 부정을 뜻하는 접두어 an이 붙어 있으므로, 살아가는 데 내가 필요하지 않다는 거지.

다른 생물들은 호흡을 통해 들어온 나를 태워서 에너지를 얻어. 혐기성 생물은 유기물을 분해해서 에너지를 얻지. 이 과정을 '발효'라고 해. 혐기성 생물은 내가 거의 없는 바다 밑바닥이나 동물의 소화관 안에서도 살 수 있다고 해. 정말 놀라운 생명력이야!

김치 속 유산균 역시 혐기성 생물이야. 유산균이 채소와 갖은 양념을 분해하는 과정에서 김치에 맛이 들어. 김치를 담글 때 김치를 꾹꾹 눌러 저장하잖아? 이때 김치에서 공기와 산소가 빠지며, 유산균이 더욱 활발히 활동할 수 있게 된단다.

'불의 공기'를 찾아낸 과학자 셸레

빛과 열을 내면서 활활 타오르는 불은 오래전부터 사람들의 호기심을 자극해 왔어. 사람들은 궁금했지.

"도대체 무엇 때문에 물질이 타는 것일까?"

도대체 무엇 때문이냐니, 바로 이 몸이 있어서이지! 그런데 옛날 사람들은 미처 이 사실을 알지 못했단다.

독일의 과학자 슈탈(1660~1734)은 불에 타는 모든 물질에는 '플로지스톤'이 들어 있으며, 물질이 탈 때 플로지스톤이 빠져나간다고 주장했어. 숯이 잘 타는 이유는 플로지스톤을 많이 가지고 있기 때문이고, 반대로 돌이 타지 않는 이유는 플로지스톤을 가지고 있지 않기 때문이라고 했지. 또한 재처럼 타고 남은 물질이 가벼워지는 것은 플로지스톤이 빠져나갔기 때문이라고 했어. 이 이론은 수많은 화학 현상을 간단히 설명할 수 있어서 많은 이에게 환영을 받았다고 해.

세상에, 맙소사!

　그러다가 스웨덴의 과학자 셸레(1742~1786)가 처음으로 나를 발견했어. 셸레는 14살부터 약사로 일하며 여러 가지 물질을 다루어 왔지. 이러한 경험을 바탕으로 수많은 원소를 발견해 냈어.

　1772년, 셸레는 이산화 망가니즈(MnO_2)가 들어 있는 광석을 황산(H_2SO_4)에 녹인 뒤 가열해서 투명한 기체를 얻었어. 이 기체는 보통의 공기보다 촛불을 더 잘 타오르게 했지. 그래서 '불의 공기'라는 이름을 붙였단다. 맞아, 불의 공기가 바로 나야!

　셸레는 연구 내용을 정리해 『불과 공기에 관한 화학적 논문』이란 제목으로 묶어 냈어. 하지만 출판이 미루어지면서 1777년에야 세상에 나왔지. 그사이 영국에서 또 다른 과학자 프리스틀리(1733~1804)가 나를 발견해 냈어. 프리스틀리는 산소를 어떻게 발견한 걸까?

연금술사와 산소

인문과 만난 과학 **신비의 영약을 찾아서!**

먼 옛날, 연금술사들은 원소를 적당한 비율로 섞어 조합하면 원하는 물질을 만들 수 있다고 생각했어. 값싼 구리나 납 따위를 이용해 황금을 만들려고 노력했지. 나아가 늙지 않게 해 주는 영약을 찾으려 했단다.

• 윌리엄 더글라스가 그린 〈연금술사〉(1853년)야.

오늘날을 사는 사람들은 연금술을 어쩌면 매우 비과학적이라고 여길지도 몰라. 하지만 연금술은 과학과 떼려야 뗄 수가 없어. 물질의 실체를 밝히기 위해 노력했던 점은 같기 때문이지.

셸레나 프리스틀리가 나를 발견하기 훨씬 전의 일이야. 연금술사들은 이미 질산 칼륨(KNO_3)을 이용해 화약을 만들 수 있었어. 질산 칼륨을 가열하

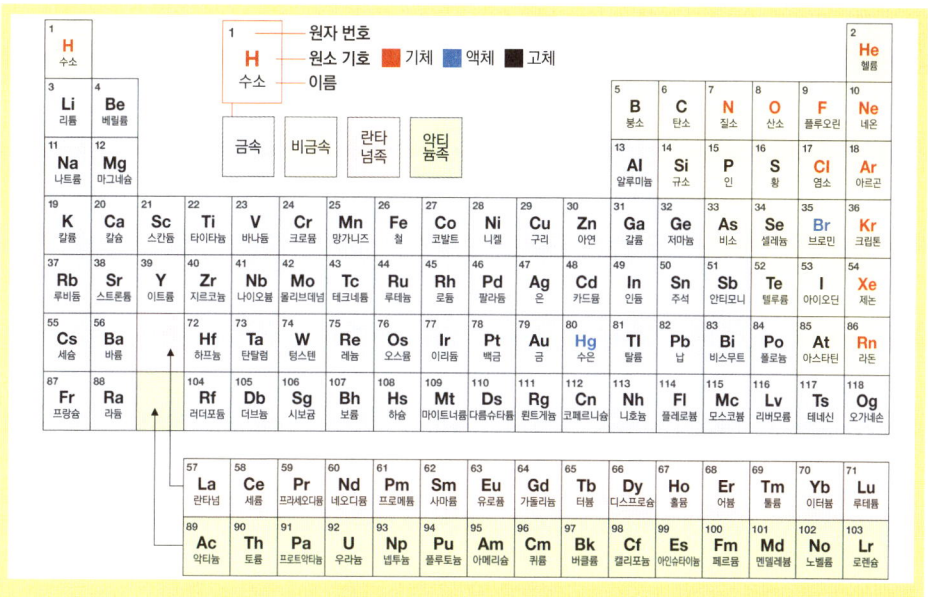

• 오늘날 쓰이는 원소 기호들을 담은 주기율표야. 원소를 처음 기호로 나타낸 사람은 연금술사들이었어. 실험 결과를 기록하기 위해 원소를 간단한 그림으로 표현한 것이 시작이 된 거지. 연금술사들의 노력은 화학이 발전하는 데 귀한 밑거름이 되었단다.

면 분해되어 내가 생기는데, 당시 연금술사들은 단순히 질산 칼륨 기체라고만 생각했단다. 그런데 폴란드의 연금술사 미하엘 센디보기우스(1566~?)는 조금 특별한 생각을 가졌어.

"이것 없이는 어떤 인간도 살 수 없으며, 세상의 어떤 것도 자라거나 생겨날 수 없다."

나를 신비의 영약쯤으로 믿는 듯했지만, 어찌 됐든 맞는 이야기잖아. 그래서일까? 몇몇 사람들은 미하엘 센디보기우스를 연금술사가 아니라, 능력 있는 연구자라고 평가해.

'플로지스톤이 없는 공기'와 프리스틀리

　1770년 무렵까지만 해도 공기는 여러 가지 기체가 섞인 혼합물이라고 생각되지 않았어. 프리스틀리는 이러한 생각에 의심을 품고 공기에 관한 다양한 실험을 했지.

　하루는 유리종 안에서 양초를 태워 '나쁜 공기'를 얻었어. 나쁜 공기가 있는 유리종에 쥐를 넣었더니 얼마 안 가 숨을 쉬지 못했단다. 이번에는 식물을 함께 넣어 봤어. 그랬더니 쥐가 다시 깨어나지 않겠니?

　프리스틀리는 이 실험을 통해 식물이 나쁜 공기를 신선한 공기로 바꾼다는 것을 알게 됐어. 식물이 이산화 탄소를 이용해 나를 만드는 사실을 처음으로 밝힌 것이라고도 할 수 있지. 당시에는 이 원리까지는 깨닫지 못했지만 말이야.

　그리고 1774년, 실험을 통해 비로소 나를 발견하기에 이르렀어. 렌즈로 햇빛을 모아 산화 수은(HgO)을 가열해서 '어떤 기체'를 얻어 낸 거야. 너희에게만 살짝 알려 주는 것인데, 어떤 기체가 바로 나였어!

　그런데 이 기체를 모은 유리종에 촛불을 넣으니 세차게 타오르지 않겠어? 또 보통 공기를 모은 유리종과 이 기체를 넣은 유리종에 각각 생쥐를 넣어 비교했을 때, 이 기체 속에 있던 생쥐가 더 오래 살았지.

프리스틀리는 이 기체가 플로지스톤을 거의 갖고 있지 않기 때문에 다른 물체에서 플로지스톤을 빠르게 빨아들인다고 생각했어. 그래서 촛불이 더 잘 타고 쥐도 더 오래 산 것이라 결론 내렸지. 프리스틀리는 이 기체를 '플로지스톤이 없는 공기'라 이름 붙였단다. 그리고 연구 내용을 바탕으로 책을 발표했어. 산소를 2년 먼저 발견한 셸레보다 빠르게 말이야.

셸레와 프리스틀리는 모두 나로 인해 불이 더 잘 탄다는 사실을 확인했지만, 플로지스톤 이론에 얽매여 내 성질을 제대로 알아보지는 못했단다. 정말 안타깝지 뭐야.

인문과 만난 과학 **산소, 그림 속 주인공이 되다!**

산소를 그린 그림

나를 그린 그림을 하나 소개할게. 〈에어 펌프의 실험〉은 내 정체가 완전히 밝혀지기 전인 1768년에 발표된 작품이야. 영국의 화가 조셉 라이트(1734~1797)가 그린 것이지. 그는 미술뿐 아니라 과학에도 관심

조셉 라이트가 그린 〈에어 펌프의 실험〉(1768년)이야. 인물들의 긴장감이 생생히 느껴지지?

이 매우 많았다고 해. 과학 모임의 회원으로서 토론과 강의 듣는 것을 즐겼는데, 이러한 경험에서 영감을 얻어 그린 그림이라고 생각돼.

그림을 가까이 들여다볼래? 유리종 안에 새가 들어 있는 것이 보이니? 빨간 옷을 입은 과학자는 펌프를 이용해 유리종 속의 기체를 서서히 빼고 있는 중이야.

유리종 속의 기체가 동이 나면…… 새는 더 이상 숨을 쉬지 못하고 죽고 말 거야. 산소가 없으니 말이지. 이 실험은 생명체에 내가 꼭 필요하다는 것을 밝히기 위한 거야. 당시의 사람들은 이 사실을 굉장히 신기하게 받아들였대.

〈에어 펌프의 실험〉이 발표된 1700년대는 산업 혁명이 일어나면서 과학에 대한 호기심이 싹트기 시작한 때야. 그래서일까? 그림에서처럼 사람들 앞에서 과학 실험을 보여 주는 것이 유행이었다고 해. 앞에서 이야기한 셸레와 프리스틀리, 그리고 뒤에서 알아볼 라부아지에도 이 시기에 활약했지.

산업 혁명

1700년대 후반에 영국에서 시작되어 유럽으로 퍼진 큰 사회 변화. 과학, 기술이 발전하면서 공업과 같은 산업이 사회의 바탕이 되기 시작했다.

라부아지에, 산소의 '진짜 정체'를 밝히다!

플로지스톤 이론에 따르면, 물질이 타고 남은 재는 타기 전보다 가벼워져. 탈 때 플로지스톤이 빠져나가니까 말이야. 그런데 금속 따위는 타고 난 뒤에 오히려 무거워졌지. 프랑스의 과학자 라부아지에(1743~1794)는 이 사실에 의문을 품었단다.

라부아지에는 유리종에 금속을 넣고 태우는 실험을 했어. 곧, 금속이 타고 나면 유리종 속에 들어 있던 기체의 양이 줄어든다는 사실을 발견했지. 그런데 이때 줄어든 기체의 양이 늘어난 금속의 양과 같지 않겠어? 금속에서 플로지스톤이 빠져나가는 것이 아니라, 바깥에 있던 기체의 일부가 금속에 흡수된 것이었지. 하지만 라부아지에는 이 기체의 정체에 대해서는 정확히 몰랐단다.

그러던 중 1774년에 프리스틀리가 프랑스 파리에 방문했어. 라부아지에는 프리스틀리와의 만남을 통해 '플로지스톤이 없는 공기'가 바로 자신이 찾던 기체임을 알게 되었지.

라부아지에는 바로 실험에 들어갔어. 그리고 자신이 찾던 기체가 플로지스톤이 없는 공기가 아니라, 이전에 알지 못한 새로운 것임을 밝혀냈단다. 물질이 타는 것은 이 기체와 결합하는 현상이고, 이 기체가 물질과 결합해 산을 만든다고 결론지었

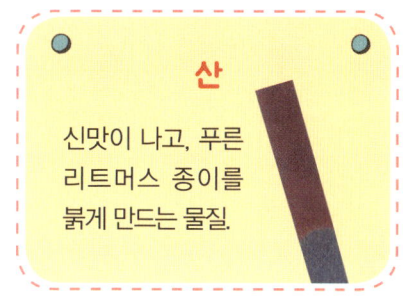

산
신맛이 나고, 푸른 리트머스 종이를 붉게 만드는 물질.

어. 산을 만든다는 것은 사실 잘못된 생각이었지만……. 어쨌든 라부아지에는 신맛(oxys)을 만들어 내는 것(genes)이란 뜻으로 이 기체에 '산소(oxygen)'라는 이름을 붙였단다. 오랫동안 인정을 받았던 플로지스톤 이론이 깨지는 순간이었지. 한편 프리스틀리는 자신의 실험을 이용해 새 이론을 만든 라부아지에를 못마땅하게 여겼다고 해.

프리스틀리(1733~1804)   라부아지에(1743~1794)

인문과 만난 과학 산소를 발견한 과학자들

반전 넘치는 뒷이야기

사람들은 오랫동안 나를 찾기 위해 노력했어. 나를 발견한 공로는 셸레, 프리스틀리, 라부아지에가 나눠 가지고 있지. 이번에는 이들에 얽힌 재미있는 이야기를 들려줄게!

비운의 과학자, 셸레

셸레는 나 이외에도 질소, 염소, 망가니즈 등 많은 원소를 발견했어. 하지만 셸레의 업적은 정작 빛을 보지 못하는 경우가 많았지. 나를 발견한 과정에서도 그랬잖아?

안타까운 일은 이뿐만이 아니야. 셸레에게는

톡 쏘는군.

한 가지 특이한 습관이 있었거든. 자신이 만들어 낸 화학 물질의 맛을 꼭 확인하는 거였지. 그중에는 독성이 강한 물질도 있었어. 이렇게 독성 물질에 중독된 셸레는 43살의 젊은 나이에 세상을 떠났다고 해.

'톡톡 튀는' 프리스틀리

프리스틀리의 원래 직업은 목사야. 하지만 과학을 비롯한 여러 분야에 관심이 많았지. 프리스틀리는 공기를 연구하면서 산소를 발견했을 뿐 아니라 또 다른 '톡톡 튀는' 업적을 이루었단다. 무슨 이야기냐고?

프리스틀리는 양조장 근처에 살았어. 하루는 술통 속에서 거품이 보글보글 오르는 것을 보았지. 이 기체는 발효하는 술에서 나오는 이산화 탄소였어. 프리스틀리는 이산화 탄소를 모아 성질을 밝히고, 물에 녹여 탄산수를 만들어 냈단다. 오늘날 우리가 즐겨 마시는 상쾌한 탄산음료는 프리스틀리로부터 비롯된 것이지. 프리스틀리는 정말 톡톡 튀는 생각을 가진 사람이었나 봐, 안 그래?

라부아지에와 저울

라부아지에는 세금 징수원으로 일하며 엄청난 재산을 모았어. 이렇게 얻은 재산으로 온갖 실험 기구를 갖춘 실험실을 마련했단다. 이곳에서 '근대 화학의 아버지'라 불리게 해 줄 여러 눈부신 업적을 이루었지.

라부아지에의 실험 도구 가운데 눈여겨볼 것이 있어. 바로 저울이야. 라부아지에는 화학 실험을 하기 전과 하고 난 뒤에 모든 기구와 물질의 질량을 측정했어. 그리고 화학 반응이 일어나기 전과 후의 질량이 서로 같다는 사실을 밝혀냈단다. 이것이 바로 '질량 보존의 법칙'이야.

라부아지에는 이렇게 과학에 길이 남을 업적을 세

> **프랑스 혁명**
>
> 1789년부터 1799년까지 프랑스에서 일어난 시민 혁명. 온갖 부와 권력을 누리던 왕과 귀족이 시민들에게 부당하게 세금을 징수하자, 시민들은 평등한 권리를 보장받기 위해 혁명을 일으킨다. 프랑스 혁명은 이후 민주주의 발전의 밑거름이 되었다.

웠지만, 프랑스 혁명*이 일어났을 때 단두대에서 처형당했어. 당시 세금 징수원들이 부패한 무리로 몰리면서, 라부아지에도 사람들의 미움을 샀거든.

나한테도 성질이 있어. 아, 오해는 하지 마!
성질이 고약하다는 이야기는 아니거든.
본래부터 가지고 있는 특징이 있다는 것이지.
내가 어떤 성질을 가지고 있는지 알려 줄게!

3. 나도 성질이 있다고!

산소와 만나면
물질의 성질이 바뀐다?

지구에서 가장 많은 원소는 바로 나(O)야. 나는 다른 원소와 합쳐져 지구 전체에 널리 펴져 있어. 바다에서는 물(H_2O)의 일부로, 육지에서는 다양한 광물로 존재해. 지각의 90퍼센트가 나와 규소(Si)를 주성분으로 하는 광물로 이루어져 있지.

어떤 물질이 다른 물질을 만나 성질이 바뀌는 것을 '반응'이라고 하는데, 나는 반응성이 매우 커. 거의 모든 원소와 합쳐져서 산화물을 만들지. '산화'는 물질이 산소와 결합하는 현상을 말해. 산화물이란 산화되어 만들어진 물질을 뜻한단다.

껍질 깎은 사과를 공기 중에 두었을 때, 사과가 갈색으로 변하는 것을 본 적 있니? 사과 안에 든 '페놀'이라는 물질이 산소와 결합해 성질이 바뀌면서 색깔이 변하는 거란다. 이런 현상을 '갈변'이라고 해.

색이 변한 사과는 괜히 먹기가 싫어지는 게 사실이야. 어떻게 하면 갈변을 막을 수 있을까? 힌트를 하나 줄게. 너희가 즐겨 먹는 과자의 봉지에 왜 질소가 가득 들어 있을까?

어떤 물질이 산소와 만나면 성질이 바뀐다고 했잖아. 과자도 마찬가지야. 나와 반응하면 가지고 있던 성질을 잃고 썩게 되거든. 과자뿐만이 아니라 모든 음식물은 나와 반응해 부패한단다. 이러한 이유로 나와의 접촉을 막기 위해 과자 봉지에 질소를 채우는 거지. 질소는 반응성이 거의 없는 기체야. 인체에 해롭지 않으며, 공기 중에 가장 많이 섞여 있어 구하기도 쉽지. 때로는 산소 흡수제를 넣어 음식을 보관하기도 해. 산소 흡수제는 나와 반응하지 않고, 나를 그대로 흡수해 버리거든.

즉, 사과의 갈변을 막으려면 나와의 접촉을 막으면 돼. 깎은 사과를 설탕물에 담그거나 랩을 씌워 보관해 보렴.

- 밤에 빛을 내면서 날아다니는 반딧불이를 본 적 있니? 반딧불이의 꽁무니에는 '루시페린'이라는 물질이 있어. 루시페린은 산화될 때 빛이 나는데, 반딧불이 불빛의 비밀이 바로 여기에 있단다.

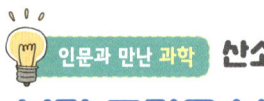 산소 맞은 〈수련〉 다시 피어나다!
불탄 그림을 복원한 산소

프랑스의 화가 모네(1840~1926)는 '빛의 화가'라고 불려. 빛에 따라 달라지는 사물의 순간순간을 그림으로 표현했거든. 이를 위해 모네는 같은 소재로 여러 장을 그리는 연작을 많이 남겼단다.

모네 하면 〈수련〉 연작을 빼놓을 수 없어. 그런데 안타깝게도 〈수련〉이 전시된 뉴욕 현대 미술관에서 화재가 일어나면서, 연작 중 일부가 손상되고 말았지. 물 위에 떠 있는 아름다운 수련의 모습이 검은 그을음으로 뒤덮이게 된 거야.

• 뉴욕 현대 미술관에서 소장하고 있는 〈수련〉 연작 가운데 하나야.

그을음을 벗겨 낼 때 보통은 알코올과 벤젠 따위를 쓰는데, 물감이 뭉개지거나 색깔이 변할 위험이 있었지. 사람들은 그림을 원래대로 되돌리기 위해 머리를 맞댔어. 결국 이렇다 할 방법 없이 그림은 40년 동안 창고에 방치되었단다. 그러다 〈수련〉 연작이 원래의 모습을 찾도록 도운 게 바로 이 몸이야!

2001년, 미국 항공 우주국(NASA)의 과학자들은 나를 그림에 쏘아 댔어. 왜냐고? 다른 물질과 만나면 금세 반응해 물질의 성질을 변화시키는 내 특성을 이용하기로 했거든! 그을음은 탄소(C)와 수소(H)로 이루어져 있어. 내가 탄소와 만나 이산화 탄소(CO_2)로, 수소와 만나 수증기(H_2O)로 변하면서 그을음은 말끔히 사라졌지. 그야말로 나를 맞고 수련이 다시 아름답게 피어나게 된 거야! 정말 놀랍지 않니?

당시에 복원된 〈수련〉은 이제 뉴욕 현대 미술관에서 볼 수 없지만, 다른 멋진 〈수련〉 연작을 볼 수 있어.

우리 주변에서 볼 수 있는 다양한 산화물

앞에서 나는 거의 모든 원소와 합쳐져 산화물을 만든다고 이야기했지? 산화물은 다른 말로 '산소 화합물'이라고도 표현해. 나와 다른 물질이 결합해, 원래의 성질을 잃어버리고 새로운 물질이 되는 거지. 예를 들어 설명해 줄게.

$$C + O \rightarrow CO$$

일산화 탄소(CO)는 탄소(C)와 내(O)가 각각 하나씩 결합해 만들어지는 화합물이야. 나는 호흡에 있어 매우 중요하지만 일산화 탄소는 그 반대란다. 많이 들이마시면 매우 위험해. 왜 그러냐고?

혈액에는 나와 쉽게 결합하는 '헤모글로빈'이라는 물질이 들어 있어. 이 녀석은 몸 구석구석에 나를 전달하는 데 큰 역할을 하지. 그런데 헤모글로빈은 나보다는 일산화 탄소와 더 잘 결합해. 사람이 일산화 탄소

　를 많이 들이마시면 결국 나를 전달받지 못하게 되고, 심할 경우 정신을 잃고 죽을 수도 있어.

　일산화 탄소는 보통 내가 충분하지 못한 곳에서 연료가 탈 때 생겨. 연탄을 연료로 많이 쓰던 옛날에는 일산화 탄소에 중독된 사람이 많았단다. 그러면 동치미 국물을 마시게 했는데, 이것은 민간요법일 뿐 정확한 치료법이 아니야. 일산화 탄소에 중독됐을 경우에는 바로 밖으로 나오거나 환기를 시켜 신선한 공기를 마시는 게 중요해.

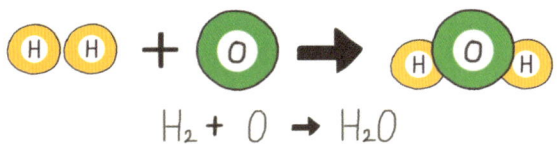

$H_2 + O \rightarrow H_2O$

수소(H) 2개와 내(O)가 결합할 때는 물(H_2O)이 만들어져. 물은 섭씨 0도 이하에서는 얼음이 되고, 섭씨 100도 이상에서는 수증기가 돼. 공기와 더불어 생물이 살아가는 데 없어서는 안 될 중요한 물질이란다.

수소와 나는 모두 반응성이 높아서 폭발할 위험성이 매우 커. '수소 폭탄'이라고 들어 봤으려나? 수소 폭탄은 수소의 핵융합*을 이용하여 만든 폭탄이야. 땅 위에서 폭발하면 35킬로미터 이내의 모든 것이 파괴된다고 해.

> **핵융합**
>
> 가벼운 몇 개의 원자핵이 결합하여 무거운 원자핵이 되는 것. 이 과정에서 거대한 에너지가 방출된다.

그런데 참 이상하지? 불을 끌 때면 수소와 내가 든 물을 끼얹고는 하잖아. 이것은 수소와 내가 화학적으로 결합해 성질이 바뀌기 때문에 가능한 일이야.

물(H_2O)에 내가 하나 더 결합하면 과산화 수소(H_2O_2)가 돼. 대개는 농도를 묽게 만들어서 표백제나 소독제 등으로 이용하지.

주변에서 철이 붉게 녹스는 것을 본 적 있을 거야. 철이 녹슬면 색깔이 붉게 변하는 이유는 무엇일까? 바로 철(Fe)이 산소(O)와 결합해 산화철이 되기 때문이란다.

녹을 없애려면 여간 귀찮은 게 아니야. 그런데 이 점을 이용해 생활을 편리하게 해 주는 제품이 있어. 바로 휴대용 손난로야.

우리 자전거 체인이 붉게 변한 이유도 산화가 일어나서야.

휴대용 손난로에는 철가루, 소금, 활성탄 등이 들어 있어. 봉지를 벗겨 내 손난로를 흔들면 철가루가 산소와 결합하면서 열을 내기 시작하지. 소금과 활성탄은 반응이 빨리 일어나도록 돕는 촉매 역할을 해.

이 밖에도 우리 주변에는 많은 산화물이 있어. 또 무엇이 있는지 한 번 찾아보렴!

 **구석기 시대의 물감은 산소?**

산화와 색깔

제2차 세계 대전이 한창이던 1940년의 일이야. 프랑스의 도루도뉴 지방의 작은 마을에 살던 소년 네 명이 우연히 동굴을 발견했어. 그야말로 역사에 남을 만한 위대한 발견이었지!

- 라스코 동굴 벽화의 일부야. 동굴 안에는 800여 점의 그림이 그려져 있어. 대부분 큼직하게 표현된 동물 그림들인데, 5미터가 넘는 길이의 소 그림도 있대.

동굴 안에서 찾은 '라스코 동굴 벽화'는 기원전 1만 5000년 무렵에 그려진 것으로 추정돼. 이 시대의 사람들은 사냥의 성공과 풍요를 기원하기 위해 말과 사슴, 들소 등의 동물을 그렸어. 마치 금방이라도 살아 움직일 듯 생동감 넘치게 말이야. 더 놀라운 것은 이를 표현하는 데 붉은색, 푸른색과 같은 색깔을 사용한 점이란다. 아직 물감을 만드는 지식과 기술이 없던 때인데, 어떻게 이런 일이 가능했을까?

> 고작 동굴일 뿐인데, 왜 이렇게 치켜세우냐고? 어허, 모르는 소리! 동굴에는 구석기 시대에 그려진 벽화가 남아 있었거든.

　답은 바로 나, 산소에 있어! 사람들은 숯으로 밑그림을 그리고, 산화철이 든 흙을 이용해 붉은색을 표현해 냈어. 철이 산소와 결합하면 불그스레한 빛을 띠니까 말이야. 푸른색은 어떻게 얻었냐고? 아마 망가니즈 산화물을 이용한 것으로 추측돼. 이 밖에도 여러 광석을 활용하여 그림을 그렸지.

　뛰어난 지식과 기술은 없었지만, 주변의 다양한 재료를 이용해 멋진 벽화를 완성해 낸 구석기 시대 사람들! 그 예술성과 지혜가 정말 놀라워.

산소 없이는 타오를 수 없어!

　금속은 습기를 머금으면 녹이 생겨. 그 이유는 습기, 바로 물이 수소(H)와 나(O)로 이루어져 있기 때문이야. 나는 특히 금속과 잘 결합해. 사람들은 금속이 녹스는 산화 현상을 피하려고 페인트칠을 하거나, 반응성이 작은 금속을 겉에 얇게 입혀. 앞에서 살펴본 것처럼 나와의 접촉을 막기 위해서란다.

　금속이 녹스는 것은 느린 속도로 일어나는 산화야. 그래서 휴대용 손난로에는 반응이 빨리 일어나라고 촉매제를 넣는 거지. 그러면 빠르게 일어나는 산화도 있냐고? 물론이지. 물질이 나와 결합해 빛과 열을 내며 타는 것이 바로 빠른 산화야. 이를 '연소'라고 해.

　여기서 잠깐, 나랑 탈 물질만 있으면 연소가 이루어질까? 그랬다면 온 세상이 불바다가 됐을걸? 연소가 일어나려면 물질이 스스로 타기 시작하는 발화점 이상의 온도 또한 있어야 해. 연소가 일어나기 위해 반드시 필요한 산소와 탈 물질, 그리고 발화점 이상의 온도를 '연소의 3요소'라고 불러.

촛불을 예로 들어 볼까? 양초는 보통 파라핀에 심지를 끼워 만들어. 파라핀은 석유를 걸러 낼 때 나오는 흰색 물질인데, 탄소와 수소로 이루어져 있지. 심지에 불꽃을 대면 양초가 타오르기 시작해. 불꽃에 의해 전달된 열로 발화점 이상의 온도가 유지되기 때문이야. 탈 물질인 파라핀은 심지를 따라 올라가 공기 중의 나랑 만나. 나(O)와 결합하면서 파라핀 속에 들어 있는 탄소(C)는 이산화 탄소(CO_2)로, 수소(H)는 물(H_2O)로 변한단다.

그런데 연소 과정에서 내가 충분히 공급되지 못하면 그을음이 생겨. 파라핀에 든 탄소와 수소가 나와 결합하지 못해 그을음으로 남는 거지.

활활 타는 촛불을 끌 때 사람들은 훅, 입김을 불고는 해. 입김을 불면 왜 촛불이 꺼지는지 아니? 내쉬는 숨에 이산화 탄소가 들어 있기 때문이야. 이산화 탄소가 양초와 내가 접촉하는 것을 방해하여 더 이상 타지 못하고 꺼지는 거지. 탈 물질을 없애거나 온도를 발화점 아래로 낮추는 것도 불을 끄는 하나의 방법이야. 정리하자면, 연소의 세 가지 요소 중 하나라도 없애면 불을 끌 수 있단다.

 인문과 만난 과학 **인류는 어떻게 불을 얻었을까?**

불의 기원

그리스 신화에 따르면 프로메테우스와 그의 동생 에피메테우스가 흙을 빚어 사람과 동물을 만들었다고 해. 그런데 이때 에피메테우스가 날카로운 뿔과 발톱, 튼튼한 날개와 가죽 등을 동물들에게 모조리 나누어 주고 말았지. 사람에게 줄 선물을 깜박 잊고 말이야.

사람들은 공포와 추위에 떨어야 했어. 프로메테우스는 사람들을 매우 불쌍하게 여겼단다. 그래서 불을 훔쳐다 주었지. 이에 제우스는 무척 화가 났고, 프로메테우스를 바위에 묶은 뒤 독수리에게 간을 쪼이는 벌을 내렸다고 해.

이렇듯 불은 오랫동안 인류가 신에게 받은 선물로 여겨져 왔어. 인류는 불을 이용하면서 문명을 이룬 것이나 다름없지. 그런데 말이야, 인류는 진짜로 불을 어떻게 가지게 되었을까?

인류가 처음 불을 사용한 것은 구석기 시대라고 해. 번개가 떨어지면서 나무에 붙은 불을 우연히 얻었을 거야. 그러다가 차츰 도구를 이용해 스스로 불을 붙이기 시작했지. 나무와 나무를 세게 문지르면 열이 생겨 뜨거워지는데, 한동안 계속하면 발화점 이상의 온도에 이르면서 불이 붙거든. 더 나중에는 부싯돌을 이용하면서 불을 피우는 것이 더 쉬워졌단다.

• 얀 코시에르가 그린 〈불을 훔친 프로메테우스〉(1637년)야.

식물이 광합성만 하는 줄 알았지?

앞에서 이야기한 프리스틀리를 기억하니? 프리스틀리는 공기를 연구하며 무수히 많은 실험을 했어. 어느 날은 유리종 속에 넣은 쥐가 죽은 것을 보고 이런 궁금증이 생겼지.

"유리종 안에서 식물은 얼마나 살 수 있을까?"

프리스틀리는 유리종에 식물을 넣고 기다렸어. 그런데 쥐와 달리 몇 주가 지나도 살아 있지 않겠어? 이번에는 식물이 들어 있는 유리종에 쥐를 넣어 보았지. 그랬더니 이전보다 훨씬 오래 살아 움직였단다.

식물이 들어 있는 유리종에서 쥐가 더 오래 살 수 있었던 까닭은 무엇일까? 프리스틀리는 식물이 신선한 공기를 만들어 냈기 때문이라고 여겼어. 프리스틀리의 생각이 맞냐고? 맞아, 식물은 동물과 달리 햇빛을 이용해 나를 만들 수 있거든. 아쉽게도 프리스틀리는 식물이 광합성을 통해 나를 만든다는 것과 광합성에 이산화 탄소가 필요하다는 것은 알지 못했지만 말이야.

식물의 잎에는 '엽록체'라는 기관이 있어. 엽록체 속에는 아주 작은 색소 알갱이가 들어 있는데, 이것을 '엽록소'라고 해. 엽록소는 광합성에 꼭 필요한 햇빛을 흡수해 에너지원으로 쓴단다. 그리고 공기 중에서 빨아들인 이산화 탄소와 땅속에서 빨아들인 물을 빛 에너지와 섞어서 유기물로 만드는 광합성을 해. 나도 이때 생기는 거야.

유기물은 탄소(C)를 포함하면서, 생물의 몸을 구성하고 에너지원이 되는 물질이란 거 기억하지? 탄수화물, 단백질, 지방, 그리고 식물이 광합성을 해서 얻은 포도당도 모두 유기물이야.

흔히 식물이 나를 내뿜는 광합성만 한다고 생각하는 경우가 많아. 하지만 식물은 광합성을 하는 낮에도, 광합성을 하지 않는 밤에도 계속 숨을 쉬어. 이산화 탄소를 흡수해 산소를 내뱉는 광합성뿐만 아니라, 산소를 흡수하고 이산화 탄소를 몸 밖으로 내보내는 호흡도 한다는 것이지. 생명체는 호흡을 하지 못하면 유기물을 분해해 생활에 필요한 에너지를 만들지 못하니까 말이야.

식물의 잎에는 '기공'이라는 구멍이 있어. 식물은 기공을 통해 호흡에 필요한 산소를 받아들이고, 호흡 중에 생기는 이산화 탄소를 내보내.

그렇다면 사람은 어떻게 호흡을 할까? 사람은 코나 입으로 공기를 들이마셔. 몸에 들어온 공기는 숨통을 지나 허파로 들어가지. 허파는 무수히 많은 허파꽈리로 이루어져 있단다. 허파꽈리는 공기주머니라고도 할 수 있는데, 이 속에서 산소를 받아들이고 이산화 탄소를 내보내. 내가 사람의 몸속에서 하는 일은 뒤에서 더 자세히 알려 줄게.

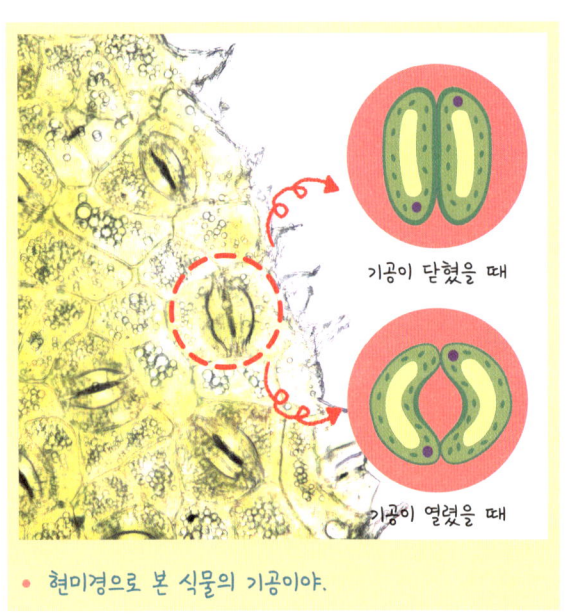

• 현미경으로 본 식물의 기공이야.

인문과 만난 과학 해리 포터가 물에서 숨 쉴 수 있었던 비밀

허파와 아가미

동화 속 인어 공주는 물속에서도 자유롭게 숨을 쉬며 움직여. 너희도 인어 공주처럼 물속에서 숨을 쉬고 싶다고? 아쉽게도 사람은 물속에서 호흡할 수 없어. 물속에도 내가 있는데 왜 숨 쉬지 못하는 것일까?

이유는 바로 사람은 허파로 호흡하기 때문이야. 허파는 물이 차면 제 기능을 하지 못하거든.

소설이자 영화인 『해리 포터와 불의 잔』을 보면, 주인공 해리가 '아가미풀'을 먹고 호수 속으로 들어가 친구들을 구하는 장면이 나와. 아가미풀은 일시적으로 아가미를 만들어 주는 마법의 약초야. 아가미가 생긴 해리는 물속에서 자유롭게 숨을 쉴 수 있게 되지. 허파와 아가미는 무엇이 어떻게 다르기에 이런 일이 가능한 걸까?

아가미는 물속에 사는 동물, 특히 물고기한테 발달한 호흡 기관이야. 물속에 녹아 있는 산소만 흡수하고 나머지는 내보내게 되어 있어. 또 여러 갈래로 잘게 나뉘어진 형태여서 물과 닿는 면적이 넓단다. 그래서 물속에서 나를 충분히 빨아들일 수 있는 거야.

한 가지 더 알려 줄게. 동물은 허파, 아가미로만 호흡하는 게 아니야. 피부를 통해서도 산소를 받아들이고 이산화 탄소를 내보낼 수 있지. 몸이 두꺼운 껍질로 덮인 동물을 빼고는 거의 모든 동물이 피부 호흡을 해. 특히 개구리와 같은 양서류는 허파가 있는데도 피부 호흡에 크게 의존한단다. 허파가 사람처럼 잘 발달되지 않았거든. 양서류는 피부가 촉촉해야 숨을 잘 쉴 수 있어. 비가 내릴 때, 개구리가 개굴개굴 우는 것은 내가 충분히 공급돼 힘이 나서라는 사실! 요건 몰랐지?

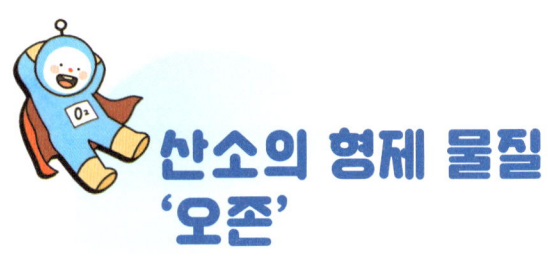

산소의 형제 물질 '오존'

세상에는 같은 원소로 이루어진 형제 물질이 있는 것을 아니? 하지만 형제 물질이라고 해도 성질은 달라. 같은 원소로 이루어져 있어도 서로 결합된 방식이 다르거든. 이런 물질을 '동소체'라고 해.

동소체는 주변에서도 쉽게 찾을 수 있어. 연필심을 이루는 새카만 흑연과 반짝반짝 빛나는 다이아몬드는 탄소 동소체이지. 흑연은 탄소가 정육각형 모양을 이루며 겹겹이 쌓여 있지만, 다이아몬드는 탄소가 정

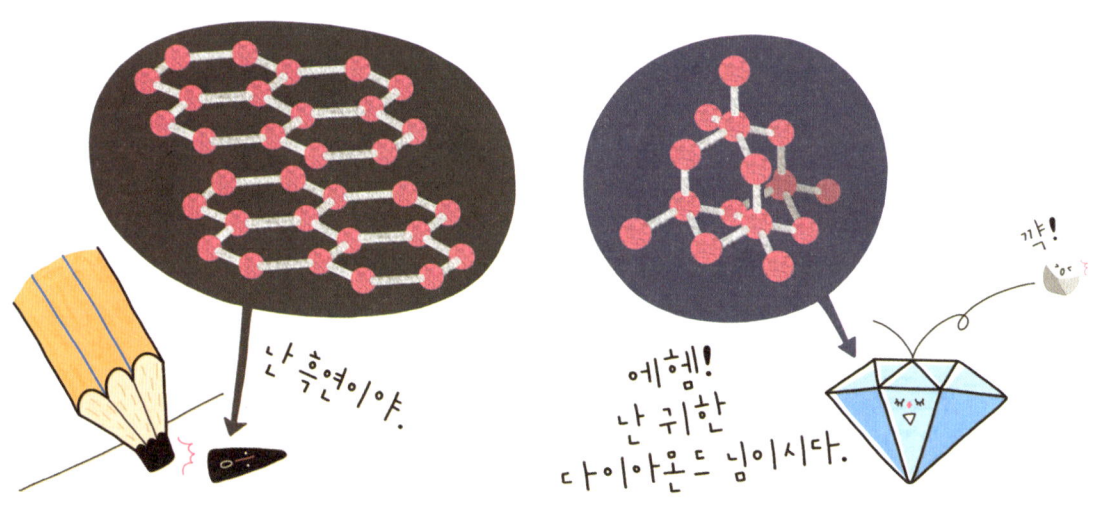

사면체 모양으로 그물처럼 짜여 있어. 이렇게 구조가 달라서 흑연은 무른 반면 다이아몬드는 매우 단단해.

나(O_2)와 오존(O_3) 역시 형제 물질이야. 나는 색이 없고 냄새도 없지만, 오존은 푸른빛을 띠며 독특한 냄새를 내.

오존은 대부분 성층권 안에 있어. 땅에서 20~30킬로미터 떨어진 높이에 집중돼 있지. 오존층은 태양의 자외선을 흡수하는데, 지구상의 생물들에게는 매우 고마운 일이야. 자외선을 많이 쐬면 피부가 타거나 심할 경우 세포가 손상될 수도 있거든.

오존은 자동차의 배기가스에 포함된 질소 산화물이 햇빛과 반응하면서도 생성돼. 이렇게 지표로부터 10킬로미터 이내에 있는 오존은 오히려 인체에 해를 입혀.

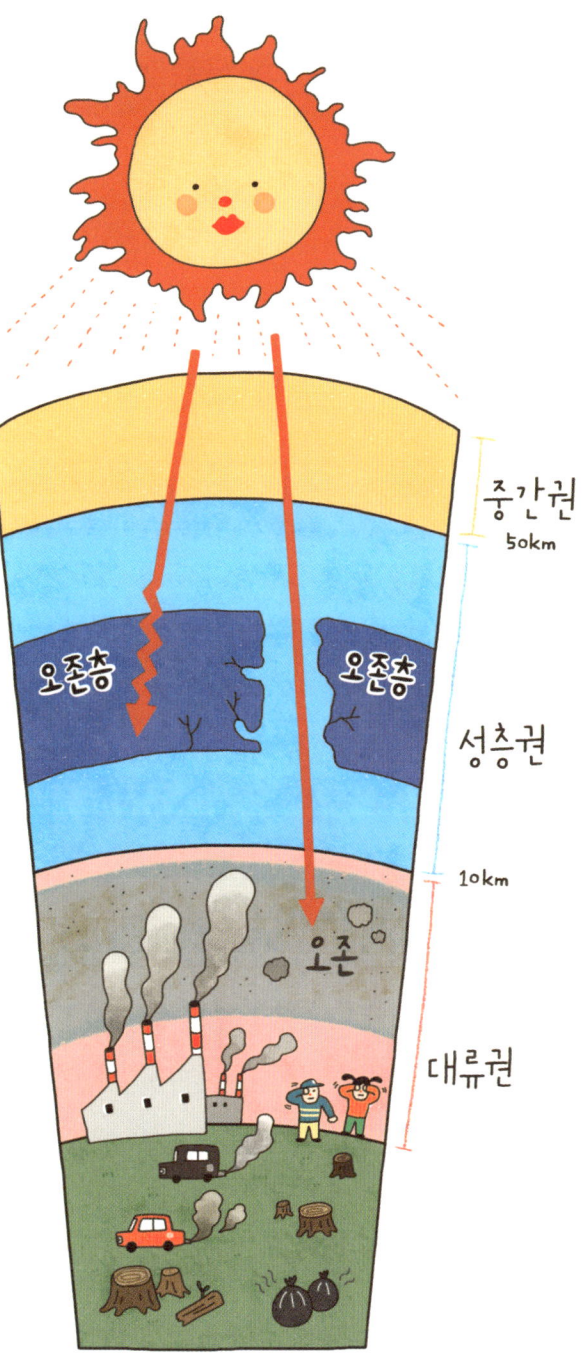

오존 농도가 너무 높으면 눈이나 코가 자극을 받아 따끔거려. 심할 때는 호흡기 질환을 일으킬 수도 있지. 비단 사람뿐 아니라 농작물에도 해를 입혀 수확량을 감소시키기도 해. 그야말로 오존의 두 얼굴이라고나 할까?

그렇다면 오존을 어떻게 피할 수 있냐고? 걱정 마. 오존 농도가 일정 수준보다 높아 피해 입을 위험이 있을 때는 오존 주의 예보가 내려지거든.

⭐TIP 오존 경보 확인 방법

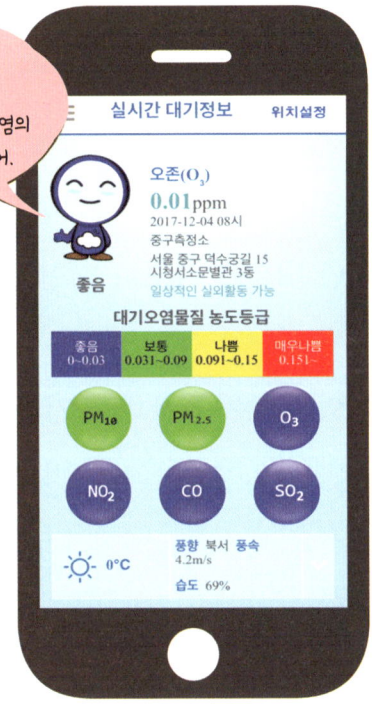

환경부는 오존 농도의 정도에 따라 행동 제한을 권하는 오존 경보제를 실시하고 있어. 오존 농도 정보는 한국환경공단에서 운영하는 '에어코리아' 홈페이지(http://airkorea.or.kr)나 '우리동네 대기질' 앱을 통해 확인 가능해. 또는 각 지자체의 홈페이지에서 대기 오염 경보 문자 알림 서비스를 신청할 수도 있어.

우리동네 대기질 앱에서는 오존 외에도 미세 먼지, 일산화 탄소 농도와 같이 대기 오염의 실시간 상황을 확인할 수 있어.

⭐TIP 오존 경보 수위에 따라 권하는 행동법

(시간당 평균 ppm 기준, 1ppm = 100만분의 1 농도)

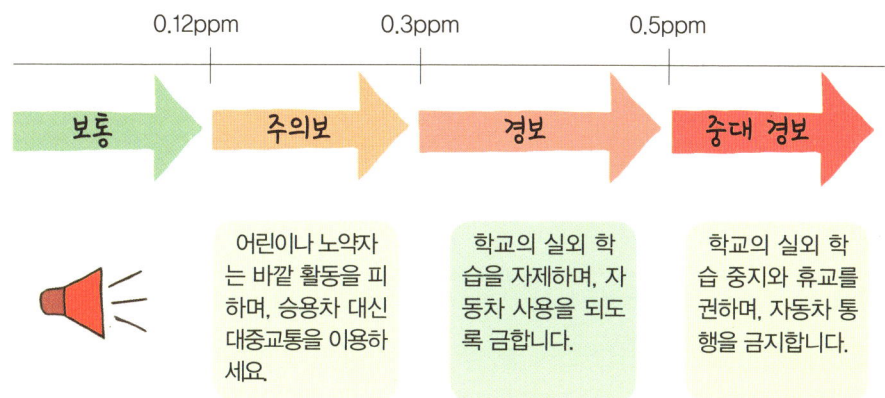

⭐TIP 오존 피해를 예방하는 습관

오존 농도는 햇빛이 강하며 바람이 없는 여름날 오후에 많이 높아진단다. 이럴 때는 조심 또 조심하는 거 잊지 마!

오존 농도가 높은 날에는 바깥 활동을 피하고, 실내 창문을 닫아.

외출 시에는 되도록 대중교통을 이용해.

외출하고 돌아오면 몸 구석구석 깨끗이 씻어.

인문과 만난 과학 — 업적이 허물이 되다!
오존층을 파괴하는 프레온 가스

해로운 자외선을 흡수해 방패막이 역할을 해 주는 오존층! 현대에 와서는 오존층이 파괴돼 문제가 되고 있어. 과연 무엇 때문일까?

프레온 가스가 대표적이야. 프레온 가스는 플루오린(F), 탄소(C), 염소(Cl) 등으로 이루어졌고, 화학적으로 안정된 물질이야. 공기보다 가벼워서 그대로 성층권까지 올라가지. 문제는 성층권에서 자외선에 의해 분해되면서 염소를 내보낸다는 거야. 염소는 오존을 분해하는 촉매 역할을 하여 오존층을 파괴해. 이 사실이 밝혀지면서 세계 곳곳에서 프레온 가스의 사용이 금지됐지.

　프레온 가스를 발명한 사람은 미국의 과학자 토머스 미즐리(1889~1944)야. 당시에는 냉장고의 냉매로 암모니아 따위를 이용했는데, 불이 잘 붙고 독성이 높은 물질이라 사고가 자주 일어났어. 토머스 미즐리는 안전한 냉매를 만들기 위해 연구를 시작했고 마침내 프레온 가스를 개발해 냈단다. 이로써 냉장고가 보급되고 식생활에 엄청난 변화가 찾아왔지. 이후 프레온 가스는 냉매뿐 아니라 스프레이 분사제, 세정제 등으로 폭넓게 사용됐어. 토머스 미즐리는 공로를 인정받아 많은 상을 받았지.

　오늘날 토머스 미즐리의 '업적'은 '허물'로 평가되기도 해. 프레온 가스는 오존층을 파괴할 뿐 아니라, 강력한 온실 효과까지 내거든. 태양열이 지구 밖으로 빠져나가지 못하도록 막아서 지구의 기온을 점점 높이는 거지. 그야말로 지구 온난화의 주범이란다.

> **냉매**
> 온도가 낮은 물체에서 온도가 높은 물체로 열을 끌어가는 매체. 냉동기 따위에 쓰인다.

사람의 몸속에서 나는 어떤 일을 할까?
궁금하지 않니?
내가 하는 일을 알게 되면 진짜 깜짝 놀랄걸?

4. 나와 사람

우오오, 호랑이 기운이 솟아난다!

사람은 왜 숨을 쉬어야 해?

사람이 살아가기 위해서는 에너지가 꼭 필요해. 에너지가 있어야 몸을 움직이고 또 생각할 수 있지. 사람은 숨을 쉬면서 에너지를 만들어 내. 음식을 먹어서 흡수한 영양소와 내가 만나 에너지가 만들어지는데, 이 또한 산화 반응이란다. 산소로 영양소를 태워서 활동에 필요한

에너지를 얻는 것이지.

에너지가 만들어질 때는 일산화 탄소가 발생돼. 나(O)는 일산화 탄소(CO)와 만나 이산화 탄소(CO_2)로 변하는데, 이렇게 만들어진 이산화 탄소는 대소변, 방귀, 트림 등으로 몸에서 빠져나간단

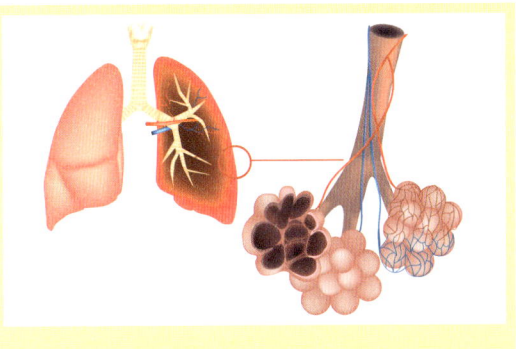

- 허파 속 기관지 맨 끝에 포도송이처럼 달린 공기 주머니가 허파꽈리야. 숨을 쉴 때마다 겉넓이가 늘었다 줄었다 하는데, 숨을 들이마시면 크기가 2배 정도 부풀어 올라.

다. 물론 피부로도 빠져나가. 거의 모든 동물은 피부로도 호흡한다고 앞서 말했던 것을 기억하지?

공기 중에는 나와 더불어 여러 기체가 포함되어 있어. 사람이 공기를 들이마시면 허파가 공기에서 나를 걸러 내. 허파 속에는 수많은 허파꽈리가 있고, 모두 모세 혈관으로 둘러싸여 있어. 모세 혈관을 지나는 혈액이 이산화 탄소를 버리고 대신 나를 싣고 나가면서 몸속에 산소가 전해진단다. 허파꽈리의 겉넓이가 넓을수록 모세 혈관도 많아지고, 담을 수 있는 공기의 양도 많아져. 다시 말해서, 몸에 내가 더 많이 흡수될 수 있다는 거지.

⭐TIP 여러 가지 호흡 기관

사람뿐만 아니라 살아 있는 모든 동물은 호흡을 해. 동물들의 다양한 호흡 기관을 알려 줄게.

허파로 숨 쉬는 척추동물

돌고래의 숨구멍

개나 고양이처럼 등뼈가 있는 동물 대부분은 허파로 숨을 쉬어. 사람도 마찬가지야. 척추동물인 고래는 물속에 살지만 역시 허파로 호흡하지. 그래서 물 위로 올라와 숨을 내뿜는 거야.

기문으로 숨 쉬는 곤충

곤충과 거미, 전갈처럼 땅에 사는 절지동물은 공기가 드나드는 관인 기문을 통해 호흡해. 기문은 몸의 옆면이나 배 쪽에 나 있는 경우가 많아.

나비의 기문

> 절지동물은 무척추동물이면서 겉껍질이 딱딱하고, 몸과 다리에 마디가 있는 동물을 말해.

아가미로 숨 쉬는 물고기

우리 해마도 물고기야!

해마의 아가미

물고기는 대부분 아가미로 호흡해. 새우나 게처럼 물속에 사는 절지동물도 아가미 호흡을 하지.

아가미에서 허파로, 호흡 기관을 바꾸는 개구리

올챙이는 뒷다리가 쏘옥, 앞다리가 쏘옥 나와 팔짝팔짝 뛰는 개구리가 되는 건 모두 알고 있지? 개구리는 신기하게도 모습이 변하면서 호흡법도 변해. 물속에 사는 올챙이 때는 아가미로 숨을 쉬지만, 자라서 개구리가 되면 허파로 숨을 쉰단다. 참, 개구리는 피부로도 활발히 호흡하는 거 알고 있지?

개굴개굴 개구리 노래를 한다 ♪ 오늘은 비가 와서 그런가 호흡도 잘되고 노래도 잘 불러지네?

인문과 만난 과학 | 들숨과 날숨 사이에서
숨이 선물한 악기

인류는 언제부터 악기를 만들고 연주를 시작했을까? 입으로 내는 휘파람을 악기로 친다면 이것이 처음일 거야. 그렇다면 그다음은 뭘까? 현재 알려진 최초의 악기는 구석기 시대의 피리란다. 동물 뼈에 구멍을 내 만든 것이지. 그런데 이것 모두가 숨이 선물한 악기라는 거 알고 있니?

• 선사 시대에 쓰였던 독수리 뼈 피리 유물이야.

사진 제공_Tomatenpflanze

휘이 휘이, 휘파람

입술을 동그랗게 오므리고 숨을 살살 내쉬어 봐. 휘이 하고 소리를 낼 수 있을 거야. 제대로 소리가 나는 사람은 평소 좋아하는 노래를 부른다고 생각하면서 숨을 내쉬어 보렴. 어느새 휘이 소리가 노래처럼 멜로디를 띨 테니까 말이야.

입김을 불어서 피리 소리와 같이 맑게 내는 소리를 '휘파람'이라고 해. 휘파람으로 소리를 낼 수 있는 것은 들숨과 날숨이 있어서야. 우리가 들이쉬는 숨을 들숨, 내쉬는 숨을 날숨이라고 하지.

휘파람을 불면 입술 사이로 공기가 들어오고 나가면서 흐름이 생기는데, 이때 입 속에 있는 공기가 떨리면서 소리가 나는 거란다. 음의 높낮이는 입 속 공간의 크기에 따라 결정돼. 공간이 좁을수록 가는 소리가 나고, 넓을수록 굵은 소리가 나지. 혀를 움직여 입 속 공간을 좁혔다 넓혔다 해 보렴. 휘파람을 멋지게 부를 수 있을 거야.

빠밤 빠빰, 관악기

피리는 관악기 가운데 하나로, 들숨과 날숨을 조절해서 소리를 내지. 휘파람을 불 때와 마찬가지로 관 안의 공기가 떨리면서 소리가 나는 거란다. 관악기는 크게 나무로 만든 목관 악기와 금속으로 만든 금관 악기로 나뉘어.

트럼펫
금관 악기 중에서 가장 오래된 악기야.
신호를 주고받는 나팔이 악기로 변했대.
소리가 높고 날카로우며 명쾌해.

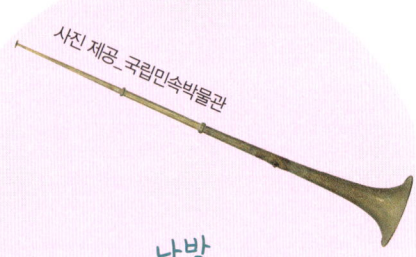

사진 제공_국립민속박물관

나발
놋쇠로 만든 악기야.
국악기 중에서 유일한 금관 악기지.
하나의 음만 낼 수 있어.

금관 악기 여기 모여라!

플루트
옆으로 쥐고 부는 악기야. 처음에는
나무로 만들었는데, 1700년대부터
금속으로 만들기 시작했대.

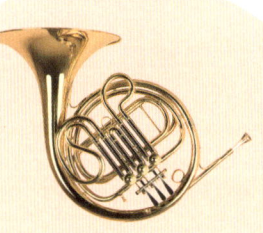

호른
긴 관을 둘둘 말아 놓은 악기야.
관이 길어서 소리가 낮지만
부드러운 것이 특징이지.

리코더
리코더는 플라스틱으로 만든 거 아니냐고? 원래 리코더는 나무를 깎아 만드는 악기야.

클라리넷
음색이 부드럽고 음역 폭이 넓어. 다양한 장르의 음악에 사용되는 악기야.

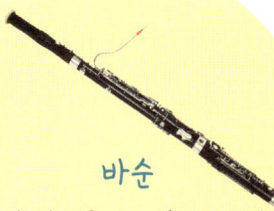

바순
목관 악기 중에서 길이가 가장 길어. 모양이 길어서 낮은 소리를 내지.

목관 악기 여기 모여라!

단소
아주 맑은 소리를 내는 게 특징이야. 보통은 대나무를 이용해 만들어.

사진 제공_국립민속박물관

대금
음역이 넓어서 다른 악기의 음정을 잡아 주는 역할을 해.

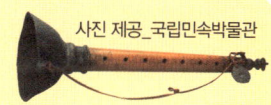

사진 제공_국립민속박물관

태평소
나팔 모양으로 된 한국 전통 악기야. 질병이 없고 풍년이 드는 것을 기원하는 의식에 많이 쓰였지.

산소의 사람 몸속 여행길

나는 사람의 몸속을 여행할 때 대부분 코와 입을 통해서 들어가. 사람한테는 코로 숨 쉬는 것이 더 좋을 수 있어. 콧속에는 털이 있어서 공기 중 먼지를 잘 걸러 주거든. 콧속을 잘 들여다보면 털이 보일 거

야. 어린이들의 코털은 미세해서 잘 보이지 않을 수 있으니, 아빠의 콧속을 봐 보렴.

입으로 숨을 쉬면 공기 중 먼지가 그대로 몸속으로 들어가게 돼. 또 찬 공기가 입을 건조하게 만들고, 입이 마르면 세균과 바이러스가 자라기 쉽단다.

사람 몸속에 들어온 공기는 숨통을 지나 허파로 들어가. 허파에서 걸러진 나는 혈액을 타고 온몸을 여행해. 혈액이 흐르는 길이라고 할 수 있는 혈관이 몸속 구석구석까지 뻗어 있거든.

오른손을 들어 왼쪽 가슴에 대 봐. 쿵쿵 심장이 뛰는 게 느껴지지? 심장이 오그라들었다가 다시 펴지는 운동을 반복해서 그런 거야. 심장은 매분 72회 정도 뛰며 약 5리터의 혈액을 온몸으로 보내. 이 과정에서 혈액에 녹아 있는 나도 함께 퍼져 나가는 것이란다. 심장이 멈추면 혈액뿐 아니라 나도 공급이 안 돼서 사람은 생명을 잃게 돼.

> 사람의 심장은 하루 평균 10만 번 정도 뛰어. 공부할 때도, 밥을 먹을 때도, 잠을 잘 때도 쉬지 않고 뛰지.

4. 나와 사람　83

 인문과 만난 과학 **붉은색이 품은 놀라운 상징**

혈액과 산소의 관계

넘어지거나 날카로운 것에 찔려서 피가 난 적이 한 번씩 있을 거야. 붉은 피가 솟아나는 걸 보면 상처가 괜히 더 아프게 느껴지지? 그런데 혈액이 붉은색을 띠는 이유가 뭔지 아니? 그건 바로 나, 산소 때문이야.

혈액 속에는 '헤모글로빈'이라는 물질이 있다는 거 기억하지? 헤모글로빈에는 철분이 들어 있어. 산화를 설명하면서 철이 녹슬면 붉은색으로 변한다고 이야기했잖아. 혈액이 붉은색인 것도 마찬가지야. 헤모글로빈이 나랑 결합하면서 붉은색을 띠는 거란다.

동지 팥죽에 얽힌 오래된 이야기가 있어. 옛날에 중국에 공공씨라는 사람이 살았는데, 아들이 동짓날 세상을 떠났어. 그런데 죽은 아들이 마을에 전염병을 옮기는 귀신이 된 거야. 공공씨는 아들이 평소에 싫어하던 붉은 팥으로 죽을 쒀서 귀신을 물리쳤고, 그 뒤로 사람들은 동짓날에 붉은 팥죽을 먹으며 귀신을 쫓았다고 해.

사람의 몸에는 자기 몸무게의 13분의 1에 맞먹는 양의 혈액이 들어 있어. 이 가운데 30퍼센트만 잃어도 사람은 목숨을 잃지.

사람에게 무척 중요한 혈액이 붉은색이어서일까? 예부터 붉은색은 권력과 권위를 상징하고, 나쁜 기운이나 귀신을 물리치는 주술적인 힘이 있다고 여겨져 왔어. 조선 시대의 왕이 입던 곤룡포가 붉은색인 것이나, 동짓날 붉은 팥죽을 먹어 귀신을 쫓는 것에서도 이 같은 믿음을 확인할 수 있지. 중국에서도 붉은색을 신성한 색으로 여겨. 붉은색이 태양을 상징하고, 귀신을 물리쳐 준다고 생각한단다.

• 붉은색 곤룡포를 입은 세종대왕의 초상화야. 이렇게 임금의 얼굴을 그린 그림을 '어진'이라고도 해.

중국 사람들은 세뱃돈이나 축의금을 줄 때 '홍빠오'라는 붉은색 봉투에 담아서 주곤 해. 중국에서 붉은색은 행운과 복, 성공을 상징하기도 하거든.

뇌는 산소를 정말 좋아해!

　사람의 몸속에서 나를 가장 많이 필요로 하는 기관은 뇌야. 뇌의 무게는 보통 1.2~1.4킬로그램이야. 몸무게에서 뇌가 차지하는 비율은 약 2퍼센트 정도지만 나를 소비하는 양은 무려 25~30퍼센트나 돼. 다시 말하면 몸 전체에서 사용하는 산소의 25~30퍼센트가 뇌에서 쓰이고 있다는 것이지.

　그 이유는 뇌를 이루는 뇌세포 때문이야. 뇌에는 100억 개가 넘는 뇌세포가 존재하고, 수많은 뇌세포들이 정상적으로 활동하기 위해서는 내가 많이 필요하거든. 그래서 뇌는 혈관이 거미줄처럼 얽혀 있어. 내가 원활하고 풍부하게 공급될 수 있도록 말이야.

　말하고 기억하며 생각하고 감정을 일으키는 등의 모든 활동은 뇌세포를 통해 이루어져. 하루 동안 뇌를 통과하는 혈액은 약 2,000리터라고 해. 200밀리리터짜리 우유가 10,000개나 되는 양이지. 그다음으로 나를 많이 필요로 하는 신체 기관은 허파, 세 번째로는 심장이란다.

집중력을 높여 주는 산소

공부 중에 환기는 필수!

『80일간의 세계 일주』로 유명한 쥘 베른(1828~1905)은 기발한 상상력이 돋보이는 작가야. 쥘 베른은 평소에 과학과 기술에 관심이 많았어. 잠수함이 발명되기도 전에 발표한 탐험 이야기 『해저 2만 리』는 과학과 문학이 절묘하게 어우러져 지금까지도 큰 사랑을 받고 있단다.

『해저 2만 리』에서 나에 대해 언급한 대목을 한번 살펴볼까?

나는 가슴이 답답해 숨 쉬기가 어려워졌다. 공기가 모자라 폐가 더 이상 제 기능을 하지 못하게 만들었다. 감옥은 널찍했지만 안에 있는 대부분의 산소를 소

모해 버린 것이 분명했다. (…중략…) 나는 감옥에 남아 있는 조금의 산소라도 마시기 위해 더욱 빠르게 숨을 몰아쉬고 있었다. 그런데 갑자기 바다 내음이 가득한 신선한 공기가 들어와 상쾌함을 느꼈다. (…중략…) 폐에 신선한 공기가 가득 차자 우리의 생명을 유지해 주는 공기가 어디로 들어왔는지 찾아보았다. 금방 그것을 발견할 수 있었다. 문 위에 공기가 들어오는 구멍이 있었고, 그곳으로 산소가 들어와 감옥 안을 쾌적한 환경으로 만들어 주었던 것이다.

교실이나 방 안에서 오랜 시간 있으면 가슴이 답답해지며 머리가 아프지 않니? 모두 내가 부족해서 생기는 현상이란다. 이럴 때는 환기를 해서 신선한 공기를 쐬는 게 좋아. 특히 공부할 때 산소를 충분히 들이마시면 집중력은 물론 기억력과 사고력도 크게 높일 수 있어.

사람의 몸에 내가 충분히 공급되면 소화 기능과 신진대사 능력도 좋아진단다. 또 피부 재생력을 높여 탄력을 찾아 주지. 세균이나 바이러스가 자라지 않도록 면역력을 높여 주는 것도 내 역할이야. 운동을 많이 하면 근육이 뭉치고는 하지? 이때 내가 근육을 풀어 줘 피로가 빨리 사라지게 돕기도 해!

신진대사

영양물질을 섭취한 생물체의 몸속에서 일어나는 일들이다. 사는 데 필요한 물질은 영양분으로 만들고, 필요 없는 물질은 몸 밖으로 내보내는 작용을 말한다.

감기에 걸렸을 때는 산소를 불러 줘!

감기는 가장 흔한 질병 가운데 하나야. 한번 병에 걸리면 면역력이 생기기 마련인데 사람들은 왜 계속 감기에 걸리는 걸까? 그 이유는 200여 개가 넘는 감기 바이러스 때문이야. 매번 서로 다른 종류의 바이러스가 감기를 일으키는 거지.

감기에 걸리면 보통은 약을 처방받거나 주사를 맞을 거야. 약은 써서 먹기 싫고, 주사는 아파서 싫은 친구들을 위해 비밀을 하나 알려 줄게. 감기에 걸렸을 때 신선한 나를 마시면 크게 도움이 된단다. 사람의 몸은 감기 바이러스에 감염되면 바이러스와 싸우느라 열이 나게 돼. 열이 나면 에너지를 많이 사용하고, 나 또한 많이 필요하지.

추운 겨울에 감기에 걸리는 사람이 많잖아. 춥다고 창문을 열지 않고 방 안에만 있으면 감기를 빨리 낫게 할 수 없어. 환기를 자주 시켜서 내가 몸속에 많이 들어갈 수 있도록 해야 하지. 내가 몸속에 충분히 공급되어 있는 사람은 감기에 잘 걸리지 않는다고 해. 그러니까 평소에 집 안이나 교실 환기를 자주 하면 좋겠지?

 집 안에 숲을 들이다!
산소를 내뿜는 정원

내가 풍부한 장소는 당연히 숲이야. 광합성을 통해 나를 만들어 내는 식물들이 모여 있는 곳이니까 말이야. 예부터 동서양의 왕과 귀족들은 정원을 꾸려서 집에 작은 숲을 만들었어. 식물이 산소를 만들어 낸다는 걸 알지 못한 때이지만, 꽃과 나무로 정원을 꾸미고 산책하며 몸과 마음을 안정시킨 것이지. 가만 보면 옛날 사람들은 참 지혜로운 거 같아. 옛날 왕과 귀족들이 만든 아름다운 정원 가운데 몇 곳을 소개할게.

서울시에 있는 창덕궁 후원이야. 160여 종의 나무들이 울창한 숲을 이루고, 나이가 300년이 넘은 나무도 있지. 창덕궁은 1997년에 유네스코 세계 문화유산으로 등재되었어.

조선 창덕궁 후원

창덕궁 북쪽으로 펼쳐진 후원은 울창한 숲과 정자, 연못이 어우러져 아주 아름다운 풍경을 자랑하는 곳이야. 옛날에는 왕실의 정원으로 쓰여서 아무나 들어갈 수 없었지. 조선 시대 궁궐의 정원 가운데 가장 넓고 경치가 아름다워서 왕실 사람들의 사랑을 한 몸에 받았다고 해.

프랑스 베르사유 궁전 정원

루이 14세가 50여 년에 걸쳐 만든 베르사유 궁전은 화려하기로 손꼽혀. 궁전 건물은 물론 정원도 넓고 아름답지. 다양한 종류의 나무가 빽빽이 들어차 있고, 화단도 예쁘게 조성되었어. 곳곳에서 연못도 찾아볼 수 있어. 배를 탈 수 있는 운하도 있고 말이지. 정원이 얼마나 넓은지 전체를 다 둘러보려면 반나절은 족히 걸린대.

오스트리아 쇤브룬 궁전 정원

쇤브룬 궁전과 정원은 유럽에서 가장 잘 보존된 바로크 양식의 유산이야. 바로크 양식은 르네상스 양식보다 건축 규모가 더 크고 웅장하며, 더 역동적으로 표현된 것이 특징이지. 1500~1700년대 유럽에서 유행했어. 쇤브룬 정원은 좌우 대칭으로 심은 나무와 꽃밭이 눈여겨볼 만해. 정원 안에는 열대 식물을 기르던 온실도 있단다.

- 프랑스에 있는 베르사유 궁전 정원이야. 전기가 없던 시절인데도 분수가 설치되었을 만큼 수준 높은 기술이 활용되었어.

- 오스트리아에 있는 쇤브룬 궁전 정원이야. 숲과 꽃밭이 좌우 대칭으로 조성되었어.

비상사태, 산소가 모자라!

지구에 살고 있는 생명체가 생명을 유지하는 데 가장 중요한 요소는 바로 나야! 사람은 물 없이 약 7일을 살 수 있고, 음식 없이는 약 30일을 살 수 있어. 하지만 산소가 없으면 채 3~5분을 버티기 힘들지.

그런데 많은 사람들이 나의 중요성에 대해 잘 모르는 것 같아. 무슨 소리냐고? 내가 모자란 줄도 모르고 아무렇지 않게 지내는 사람이 많다는 이야기야.

삐용삐용! 산소 부족 경고등이 켜진 장소

창문을 꼭 닫고 환기를 하지 않은 실내 공간

창문을 열지 않고 오랜 시간 운행한 자동차 안

해발 2,000미터 이상의 높은 산악 지대

실내에서 환기를 자주 하지 않으면 내가 부족해져. 사람은 계속 공기를 들이마시고 이산화 탄소를 내보내니까 말이지. 환기를 하지 않고 오랫동안 달린 자동차 안도 마찬가지야. 이산화 탄소가 가득해진 곳에 오래 있다 보면 머리가 무겁고 집중력이 떨어지게 돼. 졸음과 피로도 쉽게 느끼지.

해발 2,000미터 이상의 고산 지대도 공기가 부족한 장소 중 하나야. 중력이 작아져 공기가 희박해지거든. 공기 자체가 부족하니 당연히 나도 부족하겠지? 사람들은 이런 곳에서 두통과 구토 증상을 보이기도 한단다. 이런 증상을 '고산병'이라고 해.

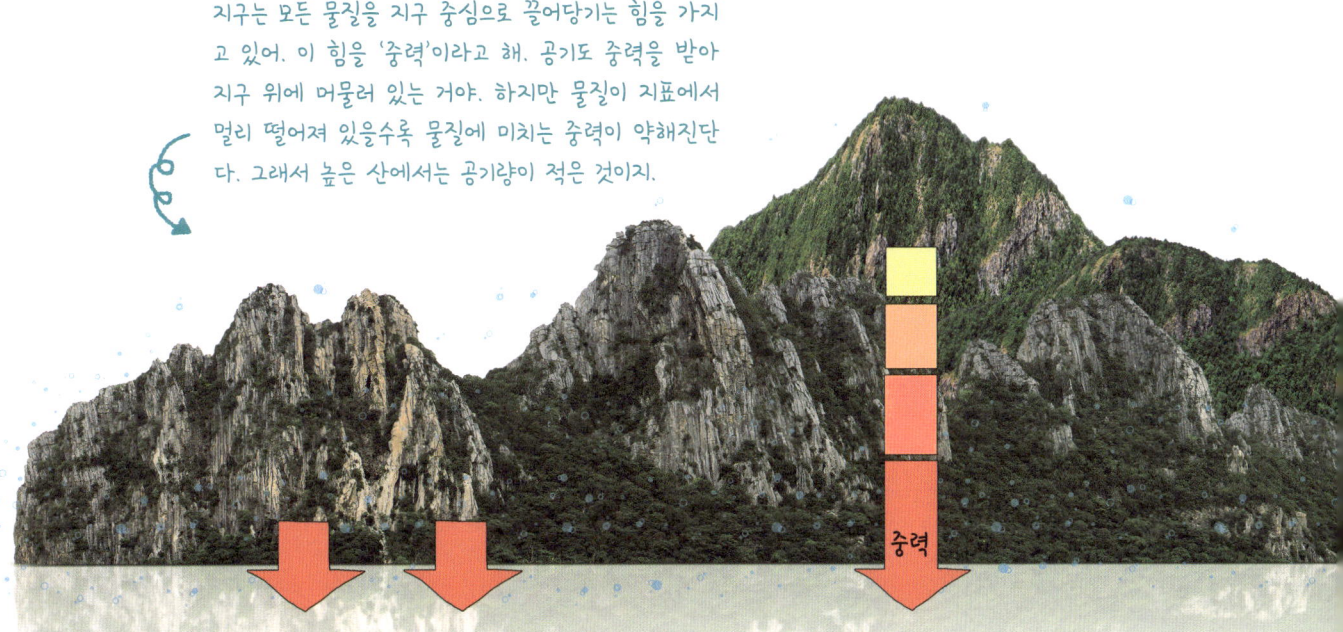

지구는 모든 물질을 지구 중심으로 끌어당기는 힘을 가지고 있어. 이 힘을 '중력'이라고 해. 공기도 중력을 받아 지구 위에 머물러 있는 거야. 하지만 물질이 지표에서 멀리 떨어져 있을수록 물질에 미치는 중력이 약해진단다. 그래서 높은 산에서는 공기량이 적은 것이지.

 인문과 만난 과학   산소가 부족한 곳에 사는 사람들

고산 지대 이야기

산소가 부족한 고산 지대에 사는 사람들의 삶의 모습은 어떨까? 그들의 농사법부터 키우는 작물과 동물까지 하나하나 들여다보자.

- 볼리비아의 수도 라파스는 해발 3,600미터가 넘어. 세계에서 가장 높은 곳에 있는 도시지. 라파스와 인근 도시 엘알토를 잇는 케이블카는 세계에서 가장 높은 케이블카로 알려져 있어.

- 잉카 문명의 계단식 경작 유적지 '모라이'야. 잉카 문명은 페루의 도시 쿠스코를 수도로 하며 안데스 지대에서 번성했어. 모라이는 농지가 부족한 산악 지형에서 생활한 잉카인들의 지혜를 엿볼 수 있는 곳이지.

고산 지대의 농사법

고산 지대는 산소가 부족하고 온도가 낮은 데다 물도 부족해서 농사를 짓기가 어려워. 이런 환경 탓에 논농사보다는 밭농사를 주로 하지. 고산 지대에서는 계단식으로 밭을 만드는 경우가 많아. 이를테면 잉카 문명의 계단식 경작지 모라이를 들 수 있어. 잉카인들은 작물을 가장 낮은 곳에서부터 높은 곳으로 한 칸씩 옮겨 심으면서 작물이 온도와 고도에 적응할 수 있도록 하였대. 가장 높은 층과 가장 낮은 층 사이에 섭씨 5도 정도나 기온 차이가 난다고 하니 정말 신기하지?

고산 지대에서 기르기 좋은 작물

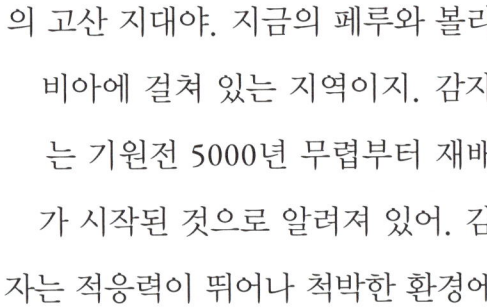
퀴노아

감자의 원산지는 남아메리카 안데스 산맥의 고산 지대야. 지금의 페루와 볼리비아에 걸쳐 있는 지역이지. 감자는 기원전 5000년 무렵부터 재배가 시작된 것으로 알려져 있어. 감자는 적응력이 뛰어나 척박한 환경에서도 잘 자라. 그래서 고산 지대에서 처음 재배를 시작한 것인지도 몰라.

우리에게는 조금 낯선 작물인 퀴노아와 아마란스도 고산 지대에서 기르기 좋은 작물이야. 낮은 온도와 영양분이 부족한 땅에서도 잘 자라지.

참, 배추도 고산 지대에서 기르기 좋아. 아시아 국가의 고산 지대에서는 배추 농사를 많이 짓는단다. 이 밖에도 보리, 옥수수 등이 고산 지대 사람들의 중요한 식량이 되어 주고 있어.

아마란스

고산 지대에서 잘 자라는 동물

남아메리카의 고산 지대에는 알파카, 라마, 비큐냐 같은 낙타과 동물들이 잘 자라. 이 동물들은 오랫동안 고산 지대 사람들과 함께 생활해 왔지. 고산 지대 사람들은 이 동물들로부터 따뜻한 털과 고기를 얻어.

중앙아시아, 인도, 중국 등의 고산 지대에는 야크가 많아. 이곳 사람들은 야크에게서 젖과 고기, 가죽, 털 등을 얻는단다. 무거운 짐을 나를 때도 큰 도움이 되지.

이 밖에도 고산 지대에서는 영양, 산양, 히말라야 곰 등이 살고 있어.

우리는 라마와 비슷하게 생겼지만, 라마보다는 몸집이 조금 더 작고, 털은 더 복슬복슬해!

알파카

산양

야크

나쁜 산소도 있다고?

내가 늘 사람에게 이로운 역할만 하는 건 아니야. 나도 가끔 사람의 몸에 나쁜 영향을 미쳐. 이 일을 하는 건 바로 '활성 산소'야. 다른 말로 유해 산소라고도 부른단다.

나는 사람이 숨을 쉬거나 음식을 소화시켜 에너지로 바꾸는 과정에서 불안정한 상태가 되기도 해. 이때의 나를 활성 산소라고 불러. 사람이 들이마신 산소 가운데 2~5퍼센트가 활성 산소로 변해.

활성 산소는 사람의 몸에 나쁜 영향을 줘. 몸을 늙게 만들고, 각종 병을 일으키거든. 특히 암의 원인이 되기도 해.

활성 산소가 생기는 걸 막으려면 어떻게 해야 하냐고? 좀 슬픈 얘기인데, 활성 산소를 줄이고 싶으면 적게 먹어야 해. 활성 산소는 주로 음식을 소화시키는 과정에서 생기거든. 먹는 양을 줄이면 활성 산소도 적게 만들어지지.

또 무리한 운동을 하는 것도 안 돼. 운동을 하면 몸이 건강해진다고만 생각하지? 그런데 자기 몸에 맞지 않는 무리한 운동을 하면 활성 산소가 생겨. 몸은 밖에서 들어오는 산소량이 부족하다는 사실을 알면 스스로 활성 산소를 만들어 내거든.

그렇다고 활성 산소를 너무 미워하지는 마. 적당한 양의 활성 산소는 몸에 이로우니까 말이야. 활성 산소는 사람의 몸에 침입한 세균, 바이러스, 곰팡이 같은 물질을 없애 준단다. 몸을 지키는 방패 역할을 하는 거지.

인문과 만난 과학 | 마시고 먹고 즐기고!
산소가 풍부한 음식과 조리법

섬에 사는 사람들은 지형 특징상 생선이나 해조류처럼 지방이 적은 음식을 많이 섭취해. 따로 조리할 것 없이 날것으로도 자주 즐기지. 이런 식습관 덕분에 섬에 사는 사람들이 육지에 사는 사람보다 건강하게 오래 산다고 해. 이웃 나라 일본을 보렴. 세계적으로 손꼽히는 장수 국가잖아?

건강해지고 싶다면 먹을거리부터 신경 써 보자! 사람이 하루 세끼 먹는 음식은 건강한 몸을 만드는 데 중요한 역할을 해. 특히 내가 많이 든 음식은 몸에서 소화가 잘되게 돕고, 에너지원을

채소에는 비타민 시(C)와 이(E) 같은 항산화 물질이 들어 있어. 항산화 물질이 많이 든 채소와 과일을 잘 챙겨 먹으면 노화와 질병을 일으키는 활성 산소로부터 몸을 지키는 데 도움이 돼!

만드는 일도 더 수월하게 해 줘.

내가 많이 들어 있는 음식은 채소와 과일 같은 식물성 식품이야. 고기류의 동물성 식품은 내가 적게 들어 있고, 지방을 분해하려면 위가 오래 일을 해야 해서 소화 기관에 부담을 주지.

내가 많이 들어 있는 식품을 고르는 것도 중요하지만, 내가 많이 들어가게끔 요리하는 것도 중요해. 식품의 산소 함유량이 가장 높은 때는 아무 조리도 하지 않은 상태야. 날것으로 먹으면 식품이 가진 영양소가 사람 몸에 바로 흡수돼.

식품을 익혀 먹을 때는 기름에 볶거나 튀기는 것보다 물에 데치거나 끓여 먹는 게 좋아. 물 속에 내가 풍부하게 녹아 있기 때문이야. 기름에 튀기는 조리법은 되도록이면 피하렴. 기름은 약 섭씨 200도에서 끓는데, 너무 높은 열 때문에 나쁠 뿐 아니라 식품에 든 영양소까지 파괴되거든.

산소는 스트레스를 싫어해!

'스트레스'는 적응하기 어려운 환경에 처했을 때 몸과 마음이 긴장되는 것을 말해. 쉽게 말하면 지나치게 긴장하고 신경을 써서 몸과 마음이 제대로 활동하지 않는 상태라고 볼 수 있지.

나도 스트레스를 정말 싫어해. 사람이 스트레스를 받으면 호흡이 얕아지고, 몸속에서 산소가 부족해지거든.

인체는 스트레스를 받으면 '아드레날린'이라는 호르몬이 발생해. 아드레날린은 인체를 긴장시켜서, 스트레스의 원인을 이겨낼 수 있도록 하지. 위기 상황에서 집중력을 발휘해 해결 방법을 찾게 도와주는 거야. 적당한 아드레날린은 혈액 순환을 도와 건강에 도움을 준다고 알려져 있어.

그런데 아드레날린이 발생할 때 활성 산소도 같이 발생하는 게 문제야. 활성 산소가 인체에 해롭다는 건 앞에서 얘기했었지? 또 아드레날린이 많이 생기면 혈관이 좁아져. 혈관이 좁아지면 혈액이 흐르는 데 방해가 되고, 나도 몸 구석구석을 돌아다닐 수가 없어. 결국엔 몸속에서 내가 부족해지게 된단다.

 **스트레스를 없애 주는 요가 한 동작**

호흡과 스트레스

스트레스를 받지 않고 사는 사람이 몇이나 될까? 스트레스 없이 살아가는 사람은 세상 어디에도 없을 거야. 스트레스를 피할 수 없다면 최대한 잘 해소하는 방법을 알아 두는 게 좋겠지?

요가는 스트레스를 풀 수 있는 좋은 방법이야. 사람들 대부분은 요가를 운동이라고 생각하는데, 사실은 고대 인도 힌두교로부터 전해져 온 일종의 수련법이란다. 자세와 호흡을 가다듬는 것으로 몸과 마음을 바로잡는 거지. 힌두교에서는 요가를 통해 영혼이 몸에서 자유로워질 수 있다고 믿어.

4. 나와 사랑　105

자, 쉽게 따라 할 수 있는 요가 동작을 하나 알려 줄게.

① 바닥에 다리를 쭉 펴고 앉아 허리를 곧게 세워.

② 천천히 몸과 머리를 바닥에 뉘여. 손바닥이 천장을 향하도록 하고 눈을 감아.

③ 온몸에 긴장을 풀어. 어깨가 바닥에서 떨어지지 않도록 주의하며 호흡에 집중해.

그냥 누워 있으면 되는 거 아니냐고? 아니야, 무엇보다 호흡에 집중하는 게 중요해. 몸에 긴장을 풀고 호흡에 집중하면 나를 더 깊이 들이마실 수 있거든. 너무 피곤하고 힘이 들 땐 내가 알려 준 이 요가 동작을 통해 스트레스를 시원하게 해소해 보렴!

유산소 운동 + 무산소 운동 = 스트레스야, 잘 가!

스트레스를 풀기 위해 가장 좋은 방법은 운동이야. 운동을 꾸준히 하면 심장의 크기가 커지고, 심장에서 뿜어내는 혈액의 양이 많아져. 자연히 혈액 속에 있는 나도 더 많이 이곳저곳에 공급되지.

운동은 크게 유산소 운동과 무산소 운동으로 나눠. 유산소 운동과 무산소 운동을 균형 맞춰 하면 스트레스가 사라지고 더욱 건강해진단다.

'유산소 운동'은 호흡을 계속하여 나를 몸에 충분히 공급시키면서 하는 운동을 말해. 이 과정에서 내가 지방을 태우기 때문에 살을 빼는 데 크게 도움이 되지. 물론 심장과 폐의 기능을 향상시키는 효과도 있어. 대표적인 유산소 운동은 걷기, 달리기, 자전거 타기, 등산, 수영 등이야. 유산소 운동은 보통 20분 이상 지속해야 효과가 있단다.

그렇다면 '무산소 운동'은 호흡을 하지 않는 운동이냐고? 에이, 설마! 근육에 강한 자극을 주는 운동으로, 운동을 할 때 몸에 내가 충분히 공급되지 못해 '무(無 없을 무)산소'라는 이름이 붙은 거야. 금방 숨이 차고 오래 지속하기 어렵거든. 예를 들면 단거리 달리기, 역도, 근력 운동

등이 있어. 이때는 지방 대신 탄수화물을 분해해서 에너지를 내.

 근력 운동은 가장 쉽게 할 수 있는 무산소 운동이야. 물건을 들어 올리거나, 밀고 잡아당기면서 근육의 힘을 키우지. 무산소 운동은 순간적인 에너지를 낼 수 있는 힘을 키워 주고, 근육을 발달시켜서 몸이 쉽게 피곤함을 느끼지 않도록 만들어 줘.

인문과 만난 과학 **경기장에 '산소 탱크'가 떴다!**

폐활량과 산소

• 2002년 한·일 월드컵 경기가 열리던 날의 서울광장 모습이야. 수많은 시민이 모여 국가 대표 선수들을 힘차게 응원했어.

대한민국을 대표하는 축구 선수로 박지성을 꼽을 수 있어. 박지성은 2002년 한·일 월드컵에서 한국 팀이 4강에 오르는 데 크게 기여한 선수야. 한·일 월드컵 뒤엔 네덜란드와 영국의 유명한 축구팀에서 선수 생활을 했고, 2014년 은퇴할 때까지 크고 작은 국제 대회에서 한국 팀의 대표를 맡았지.

박지성은 '산소 탱크'라는 별명을 가지고 있어. 박지성이 네덜란드 축구팀에서 활동할 때, 같은 팀 선수들이 박지성을 두고 '산소통을 메고 뛰는 선수'라고 인터뷰를 한 적이 있단다. 인터뷰 내용은 박지성이 영국 축구팀으로 자리를 옮길 때 전해졌고, 영국 사람들은 박지성에게 산소 탱크라는 별명을 붙여 줬어. 박지성이 그 누구보다 지치지 않고 열심히 뛰었기 때문이야.

> **폐활량**
>
> 사람이 한 번에 들이마셨다가 내뿜을 수 있는 공기의 최대량. 폐활량은 사람에 따라 다르며, 폐활량이 좋으면 산소를 더 많이 흡수할 수 있다.

박지성의 선수 시절 폐활량은 5,000시시 이상이라고 알려져 있어. 보통 사람들의 폐활량이 3,000~4,000시시 정도인 걸 생각하면 정말 대단하지?

폐활량을 늘리는 생활 습관

심호흡

심호흡을 자주 하면 폐활량을 키울 수 있어. 가슴이 최대한 부풀어 오를 때까지 숨을 천천히 들이마시고, 배와 가슴 사이를 가르고 있는 근육 횡격막이 최대한 내려가도록 천천히 숨을 내쉬는 걸 꾸준히 해 보렴!

수영

수영은 폐활량을 높이는 데 좋은 운동이야. 숨을 크게 들이마시고, 오래 참았다가 내쉬는 걸 반복하기 때문이지. 또 온몸의 근육을 써야 하는 운동이어서 몸을 튼튼하게 해 준단다!

비타민 디

비타민 디(D)도 폐활량을 높이는 데 효과가 있어. 비타민 디는 고등어, 우유, 치즈와 같은 음식을 먹거나, 나가서 햇볕을 쬐는 것으로도 얻을 수 있단다.

산소는 의사 선생님

사람의 몸에 내가 공급되지 못하면 먼저 뇌의 활동이 멈춰. 뇌세포가 죽으면서 뇌졸중이 일어나기도 하는데, 손발이 마비되거나 언어 장애, 호흡 곤란 같은 증상이 나타나지.

심장에서는 어떨까? 협심증은 심장 근육에 흘러드는 혈액의 양이 줄어서 산소와 영양이 부족해 생기는 병이야. 심근 경색은 혈관이 막히며 심장 근육이 죽는 병이지. 역시 나와 영양을 공급받지 못해서야.

안구 건조증처럼 흔한 질병도 산소가 부족해서 생겨. 눈물에 녹아 있는 나는 눈이 피로하지 않게 도와. 눈물이 부족해지면 자연히 나도 줄고, 금세 눈이 충혈되어 피로해진단다. 콘택트렌즈를 오랜 시간 끼고 있으면 안구 건조증이 생기기 쉬운 것도 마찬가지야. 눈에 공기가 차단돼 내가 잘 공급되지 않아서이지.

콘택트렌즈는 눈의 각막 위에 직접 붙여서 쓰는 렌즈야.

나는 질병을 치료하는 데 활용되기도 해. 텔레비전 드라마나 영화에 흔히 나오는 산소 호흡기가 대표적인 예야. 스스로 호흡하지 못하는 환자에게 나를 공급하는 기계를 장치하여 목숨을 유지할 수 있게 돕지.

이 밖에도 고압 산소 요법, 오존 요법 등이 있어. 고압 산소 요법은 고농도의 산소를 일정한 시간 동안 들이마시게 해서 신체 기능을 향상시키는 치료법이야. 오존 요법은 오존이 가진 살균과 정화 능력을 활용하여 치료하지. 이 같은 산소 요법은 바이러스, 곰팡이, 박테리아 감염, 만성 피로, 관절염 등을 치료하는 데 주로 사용돼.

충분한 산소 공급은 면역력을 길러 준다고 알려져 있어. 인체는 몸속에 나쁜 균이 들어오면 백혈구가 활동하여 균을 없애. 이때 백혈구는 나를 이용해 에너지를 얻어. 평소 몸에 내가 충분하게 공급되어 있으면 백혈구가 활발히 작용하여 면역력이 증가하고, 질병에 걸리는 걸 예방할 수 있단다.

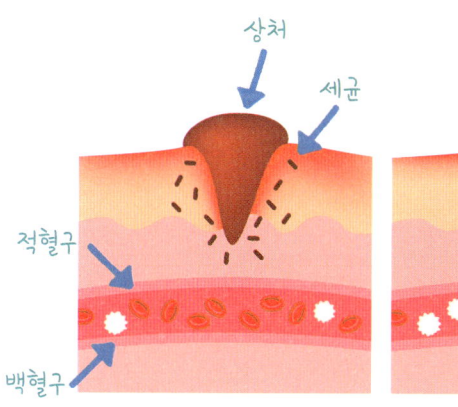
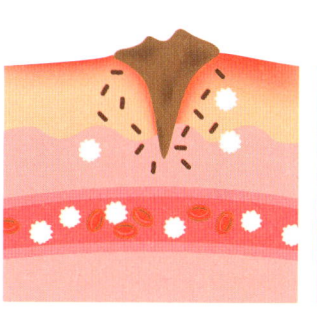
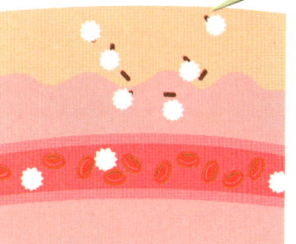

상처가 나면 몸속으로 세균이 침투해. 이때 혈액에서 우리 백혈구가 빠져나와 세균을 먹어 없애는 식균 작용을 하며 면역 활동을 펼쳐.

 인문과 만난 과학 　우주 정거장의 공기 정화는 식물한테 맡겨!
식물의 또 다른 능력

맑은 나를 늘 마시고 싶다면 집 안 곳곳에 식물을 길러 봐. 잎이 넓거나 잎사귀가 많은 식물일수록 좋아! 광합성을 활발히 해서 나를 많이 내뿜어 줄 거야.

식물은 산소를 내뿜는 것 말고도 오염된 공기를 깨끗하게 만드는 능력도 가지고 있어. 식물의 공기 정화 효과는 우주 연구 도중 알려졌단다. 우주 비행사들이 밀폐된 우주 정거장에서 건강하게 생활하려면 깨끗한 공기가 중요했거든.

최근에는 공기 정화 식물이 인테리어에도 유용하게 쓰이고 있어. 신선한 공기와 더불어 집 안 분위기도

• 2016년, 국제 우주 정거장에서 최초로 꽃이 피었어.

내 이름은 백일홍이야!

한껏 살려 주니 꿩 먹고 알 먹는 셈이지.

식물이 토양에서 빨아들인 물은 기공을 통해 수증기로 빠져나오기도 하는데, 이것을 '증산 작용'이라고 해. 증산 작용이 일어나면 식물 안에서 수분이 줄어들며 내부 압력이 변한단다. 한편 식물은 기공을 통해 공기 속 오염 물질을 흡수해. 이 오염 물질은 식물 내부에서 발생한 압력 변화로 인해 뿌리 쪽으로 이동하지. 그러면 토양 속 미생물이 모여들어 오염 물질을 분해해서 제거해.

식물이 증산 작용을 할 때는 수증기와 함께 음이온˚도 내뿜어. 공기 속 오염 물질은 대부분 양이온˚이기 때문에, 식물의 음이온과 만나 중화˚되고는 해.

음이온 음(−)전하의 성질을 띠는 원자.

양이온 양(+)전하의 성질을 띠는 원자.

중화 서로 성질이 다른 물질이 융합하여 각각의 특징이나 작용을 잃는 것.

미국 항공 우주국(NASA)이 추천하는 실내 공기 정화 식물

산세비에리아

일산화 탄소와 이산화 탄소를 잘 흡수해. 음이온도 다른 식물들에 비해 30배 이상이나 만들어 내지. 밤에도 산소를 내뿜어서 침실에서 키우기 좋아. 생명력이 강하고 누구나 쉽게 키울 수 있어.

관음죽

일본 관음산에 자라는 대나무 같은 식물이라고 해서 붙은 이름이야. 부채 모양으로 잎이 뻗고, 공기 정화 능력이 뛰어난 야자나무지. 특히 암모니아를 잘 빨아들여서 화장실에 두면 좋아.

아아, 상쾌해!

나사에서 우리를 깜빡했나 봐! 틸란드시아는 미세 먼지를 없애는 데 좋아. 우리는 잎이나 줄기 겉에 생기는 잔털인 모용이 발달했어. 모용으로 공기 중의 먼지를 흡수하고, 먼지를 양분 삼아 자란단다. 우리는 뿌리가 없어서 나무나 바위 같은 곳에 붙어살아.

아레카야자

미국 항공 우주국에서 1위로 뽑은 공기 정화 식물로, 실내에서도 쑥쑥 자라. 키가 1.8미터만 되어도 하루에 1리터의 수분을 뿜어낼 만큼 가습 효과가 뛰어나!

인도고무나무

공기 중에 있는 화학 물질을 잘 흡수해. 잎이 넓어서 공기 정화 능력이 뛰어나고, 새집 증후군을 막는 데도 좋아.

과거부터 현재까지, 나는 생활 속에서 널리 이용돼 왔어.
나를 이용하는 모습은 앞으로도
점점 다양해질 것이라 예상되지. 한번 살펴볼까?

5. 생활과 경제도 나를 좋아해!

어때요?
어항 만들기 참 쉽죠?

'산소통'을 메고 일하는 사람들

무거운 산소통을 메고 일터를 누비는 사람들이 있어. 여기서 잠깐! 일반적으로 '산소통'이라고 부르지만 그 속에 나만 있는 건 아니야. 공기를 압축시켜 넣었으니 사실 '공기통'이라 해야 정확하지. 뭐, 내가 워낙 중요하니까 이런 오해도 생긴 게 아니겠어?

불길과 싸우는 소방관

소방관 하면 불길을 막는 방화복과 헬멧이 먼저 떠오르지? 그런데 연기가 자욱한 곳에서 숨을 쉴 수 있게 해 주는 공기통 역시 중요해.

소방관이 11킬로그램의 공기통을 메고 버틸 수 있는 시간은 45분 정도라고 해. 만약 공기통을 더 가져갈 수 있다면 구조 활동 시간도 늘어나겠지? 최근 이를 가능하게 하는 로봇 슈트가 소개됐어. 로봇 슈트를 입으면 공기통의 체감 무게가 약 7킬로그램으로 줄어서 공기통 2개도 너끈히 멜 수 있지. 로봇 슈트는 아직 개발 단계에 있어. 하루빨리 완성되어 널리 쓰이면 좋겠다, 그치?

깊은 바닷속의 잠수부

깊은 바닷속에서 작업하는 잠수부에게도 공기통이 꼭 필요해. 사람은 허파 호흡을 하기 때문에 물속에서는 숨을 쉴 수 없으니까 말이야.

잠수부의 공기통에는 질소를 줄이고 대신 헬륨을 넣어. 바닷속 깊이 들어갈수록 물이 짓누르는 압력이 커지는데, 수압이 너무 높으면 들이마신 공기 중 질소가 몸 밖으로 빠져나가지 못하고 혈액 속에 녹아들거든. 그러면 사람은 잠수병에 걸려서 어지럼증을 느끼게 돼. 그래서 혈액에 녹아들지 않고 무척 가벼운 기체인 헬륨을 채워 넣는 거란다.

우주를 여행하는 비행사

우주 비행사 역시 우주 공간에서는 공기통을 메고 임무를 수행해.

공기는 지구 중력에 의해 지표 근처에 모여 있어. 하지만 지표로부터 멀리 떨어져 있을수록 중력이 약해져서 공기의 양이 줄어든다는 거 기억하지? 특히 우주 공간에서는 지구의 중력이 거의 미치지 않기 때문에 공기가 매우 희박해. 따라서 공기통이 꼭 필요하지.

그렇다고 우주 공간에 공기가 전혀 없는 것은 아니니까 알아 두렴!

 **호이 호이, 바다에 울려퍼지는 숨비 소리**

해녀와 산소

    제주도는 예로부터 바람과 돌, 여자가 많다고 해서 '삼다도'라 불려 왔어. 바다 한가운데 솟은 화산섬인 데다, 해상 사고로 숨지는 남자가 많아서 그랬던 것 같아. 이런 환경 때문일까? 제주도의 여자들은 아주 오래전부터 바다에 몸을 맡겨 삶을 이어 갔어. 이들이 바로 해녀란다.

    바다에 들어갈 때 보통은 공기통 같은 잠수 장비를 이용하잖아? 그런데 해녀들에게는 이런 장비가 필요 없대. 오직 물안경과 그물주머니, 테왁만 있으면 되지. 테왁은 박을 파내서 물에 뜨게 만든 도구야. 해녀들은 물 위로 잠깐씩 올라와 테왁에 의지해 참은 숨을 내뱉어. 이때 해녀들은 호이 호이, 하는 특이한 소리를 내며 숨을 고르는데, 이걸 '숨비 소리'라고 해.

    숨을 얼마나 오래 참고 깊이 잠수하느냐에 따라 해녀의 등급이 나뉜대. 2분 이상 숨을 참고 15미터 넘게 내려가면 '상군', 8~10미터를 내려가면 '중군', 5~7미터를 내려가면 '하군'에 속하지. 이제 물질을 시작하는 초보나, 실력이 떨어지는 해녀는 '똥군'이라고 부른다는걸!

해녀의 강한 정신력과 능력은 매우 놀라워. 이런 점을 인정받아 제주도의 해녀 문화는 2016년에 유네스코 인류 무형 문화유산으로 등재되었어.

한편 제주도 서귀포시에서는 해녀들을 대상으로 산소 캡슐 서비스를 제공하고 있대. 고농도의 나를 공급해 몸속에 쌓여 있던 질소를 내보내는 것이지. 잠수병을 예방해 주기 때문에 해녀들의 만성병인 어지럼증 치료에도 효과가 있다고 해.

생활 속 놀라운 산소 활용법

생활 가까운 곳에서 멀리까지, 사람들은 필요에 따라 나를 다양한 곳에서 이용해. 나의 놀라운 쓰임새를 소개할게!

빨랫감에서 - 산소계 표백제

흰옷에 얼룩이 생기면 빨래하기가 힘들어. 이럴 때 필요한 것이 표백제야. 표백제는 화학 반응을 통해 얼룩을 없애지.

가정에서 일반적으로 사용하는 산소계 표백제는 과산화 수소(H_2O_2)와 탄산 나트륨(Na_2CO_3) 등으로 이루어져 있어. 이것들이 물에 녹으면 내가 퐁퐁 생겨나. 이 과정에서 산소가 얼룩에 달라붙고, 얼룩을 산화시켜 옷을 깨끗하게 만드는 거야.

공장에서 - 산소 아세틸렌 불꽃

아세틸렌(C_2H_2)은 나와 결합하면 엄청난 불꽃과 열을 내. 산소 아세틸렌의 불꽃 온도는 무려 섭씨 3,500도 이상에 이르러. 그렇게 단단하다는 다이아몬드도 녹을 수 있는 온도야. 이러한 성질 때문에 쇠붙이를 녹여 붙이거나 자를 때 산소 아세틸렌 불꽃을 이용해.

로켓에서 - 액체 산소

나는 섭씨 영하 183도쯤에서 액체로 변해. 기체일 때는 투명하지만, 액체일 때는 푸른빛을 띠지. 게다가 자석에 붙는 성질도 생겨. 액체 상태의 나는 작은 불씨도 폭발적으로 타오르게 할 수 있어서 로켓에 추진력을 주는 연료로 쓰이기도 한단다.

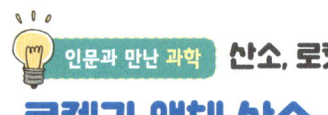 산소, 로켓을 날리다!
로켓과 액체 산소

'로켓'은 뜨거운 가스를 세게 내뿜어서 그 힘으로 빠르게 나아가는 장치야. 로켓은 언제 처음 만들어졌을까? 기록에 따르면 고대 중국에서라고 해. 고대 중국에서 화약을 이용해 불화살을 쏘아 올렸는데, 이것이 최초의 로켓인 셈이야.

> **비단길**
> 중국과 서아시아, 지중해 지역을 잇는 고대 무역로. 고대 중국의 특산물인 비단 옷감을 서양의 여러 나라와 교역하기 위해 오가는 길이었던 데서 이름이 붙었다.

화약과 로켓 무기는 비단길을 통해 서아시아를 거쳐 유럽에까지 퍼졌어. 그러면서 로켓 기술이 점점 발전해 갔지. 한반도에서는 조선 세종대왕 때 '신기전'이라는 로켓 무기를 만들기도 했어.

액체 산소를 이용하는 현대적 로

신기전을 한번에 대량으로 발사할 수 있는 신기전기 화차야. 신기전은 화약을 장치하거나 불을 붙인 화살이란다.

켓이 발명된 것은 1900년대 들어서야. 1926년, 미국의 과학자 로버트 고다드(1882~1945)가 최초로 액체 산소와 가솔린을 이용해 로켓을 쏘아 올렸지. 아쉽게도 로켓은 겨우 10미터 남짓 날아갔지만 말이야.

당시 미국에서 로버트 고다드의 로켓은 큰 관심을 받지 못했어. 그러나 제1차 세계 대전에서 패배한 독일에서는 달랐단다.

제2차 세계 대전이 한창이던 1942년, 마침내 독일은 액체 산소와 알코올로 움직이는 로켓 V2를 만들었어. 한번 떨어지면 그 일대를 쑥대밭으로 만들 정도로 파괴력이 엄청났지. 하지만 명중률이 매우 낮았고, 결국 독일은 다시 한 번 패배를 맛봐야 했어.

이후 로켓 기술은 더욱 발전해, 인공위성을 우주로 쏘아 올리는 데 활용되기 시작했어. 오늘날 로켓은 기상 관측과 우주 개발 등에 유용하게 쓰이고 있단다.

• 2008년 10월 카자흐스탄에서 발사된 로켓이야. 안에는 국제 우주 정거장을 향해 떠나는 우주 비행사들이 타고 있지.

오염된 물을 구하는 산소

깨끗한 물이 흐르는 강이나 호수를 보면 기분이 좋아지지? 손과 발을 담그면 절로 콧노래가 나오기도 하고 말이야! 하지만 요즘은 맑은 강이나 호수를 보기가 힘들어. 정말 속상한 일이지.

그런데 강이나 호수의 수질을 관리하는 핵심 요소 가운데 하나가 '산소 요구량'이라는 거 알고 있니? 산소 요구량은 물에 녹아 있는 오염 물질을 정화하기 위해 필요한 나의 양이야.

물속에 오염 물질이 들어가면 물에 사는 미생물의 활동이 활발해져. 오염 물질에 든 유기물을 먹고 산화시키기 위해서야. 이때 물속에 있던 내가 소비돼. 산소 요구량이 크다는 건 미생물이 오염 물질을 분해하는 데 내가 많이 필요하다는 거고, 그만큼 오염이 심하다는 뜻이지.

해마다 여름이면 녹조 때문에 나라가 시끄러워. 녹조는 강이나 호수에 식물성 플랑크톤인 녹조류가 늘어나 물빛이 녹색으로 변하는 현상이야. 녹조류는 물속의 오염 물질을 양분 삼아 번식해. 수온이 오르면 번식이 더 빨라지지. 녹조류가 늘어나서 물 위로 떠오르면 물속에 녹아 있는 나의 농도가 낮아지고, 수중 생물들이 살아가기 어려워진단다.

흔히 녹조를 해결하기 위해 황토를 뿌려. 녹조류가 황토에 달라붙어 가라앉기 때문이야. 하지만 근본적인 해결을 위해서는 내가 나서야 해. 고여 있는 강이나 호수에 물길을 내 흐르게 하거나, 산소 발생 장치를 이용해 나를 공급하면 녹조류를 없앨 수 있어.

- 녹조가 물 위를 뒤덮고 있으면 내가 물속으로 들어갈 수 없어. 이런 현상이 계속되면 물속은 결국 무산소 상태가 돼. 물고기들은 산소가 없으니 숨을 쉬지 못하고, 떼죽음을 당하기도 한단다.

산소를 머금은 그릇 '옹기'

7월 21일 금요일

나는 물고기를 아주 좋아한다. 그래서 집에 커다란 수족관을 두고, 물고기를 기르고 있었다. 그런데 오늘 자고 일어나 보니 소중한 물고기들이 모두 죽어 있었다. 정전 때문이었다. 어제 저녁에 잠깐 정전이 됐었는데, 그때 꺼진 산소 발생기 스위치를 다시 켜 놓지 않았던 거다.

그림일기 속 이야기에서처럼 수족관에 산소 발생기가 없거나 제 기능을 하지 못하면 물고기는 살 수 없어. 물고기도 내가 있어야 호흡을 할 수 있으니까 말이야. 수족관에서 물고기를 기를 땐 산소 발생기가 잘 작동하는지 틈틈이 확인해야 한단다. 바다나 강, 호수는 자연적으로 산소가 발생하지만, 수족관은 그렇지 않거든.

그런데 옹기를 이용하면 산소 발생기 없이도 물고기를 기를 수 있어. 옹기에는 미세한 구멍이 있어서 내가 자유로이 드나들 수 있기 때문이야. 옹기에 난 미세한 구멍은 고추장, 된장, 간장 등의 발효를 돕고, 김치 맛을 더 좋게 만들어 주기도 해.

김치 속 유산균은 산소 없이도 살 수 있는 혐기성 생물이야. 그런데 아주 적은 양의 공기는 유산균이 활발하게 활동할 수 있게 돕는대.

옹기는 흙을 잘 반죽해 아주 높은 온도에서 구워 내. 이 과정에 옹기 구멍의 비밀이 숨어 있어. 흙 반죽 속에 있던 수분이 열을 받아 증발하면서, 이 자리에 미세한 구멍이 생기는 거란다. 정말 신기하지?

그럼 이제 옹기 어항 만드는 방법을 알려 줄게.

옹기 어항 만드는 방법

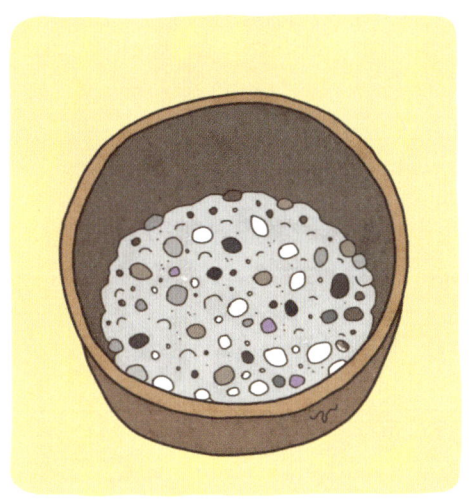

① 옹기 뚜껑을 깨끗이 씻은 뒤 모래를 깔아. 물에서 자라는 수초를 심어도 좋아.

물을 세게 부으면 모래가 흩어져 흙탕물이 될 수 있어!

② 모래 위에 비닐을 깔고 천천히 물을 부어. 그런 뒤에 살살 비닐을 빼내.

우리 물고기들은 염소에 약하니까 조심해 줘!

③ 수돗물을 소독할 때 쓰인 염소(Cl) 성분이 모두 증발되도록 하루 정도 기다려. 그리고 물고기를 넣으면 완성!

④ 어항 물은 2주에 한 번씩 바꿔 주는 것이 좋아. 이때는 물을 하루 전에 미리 받아 놓았다가 사용하렴.

농업과 어업에서도 산소는 인기 스타!

나는 농업과 어업에서도 새로운 바람을 불어넣고 있어. 나를 활용해 농사를 짓거나 물고기를 운반하는 사람들이 큰 이익을 얻고 있거든!

우선 나를 이용한 농사 방법부터 소개할게. 산소 농법은 토양에 물과 함께 나를 넣는 방법이야. 내가 토양 속 미생물들의 활동을 도와 건강한 토양을 만들고, 농작물 뿌리가 영양분을 흡수하기 좋게 해 주거든. 또한 토양에 축적되는 소금기의 농도를 감소시켜서, 연작 장애가 일어나는 것도 줄여 준단다.

산소 농법은 주로 과일 농사를 지을 때 쓰여. 산소 농법으로 건강한 땅에서 자란 과일은 크기가

산소가 키운 아삭아삭 달콤한 사과 한입 잡숴 봐!

연작 장애

한 작물을 같은 장소에서 반복해서 재배할 때, 토양의 상태가 나빠져 수확량이 줄거나 작물에 병이 일어나는 현상.

더 크고, 당도가 높은 것이 특징이라고 해.

　어업에서 나는 물고기를 보다 신선한 상태로 옮길 수 있도록 해 줘. 바다에서 잡은 물고기들은 바닷물과 함께 차에 실려 전국 곳곳으로 이동해 판매돼. 때로는 배나 비행기를 통해 외국에서 팔리기도 하지.

　물고기를 산 채로 먼 곳으로 이동시키려면 반드시 내가 있어야 해. 수족관에 산소 발생기가 있어야 물고기가 살 수 있다고 앞에서 얘기했지? 마찬가지야. 산소 발생기를 장착하는 것 말고도, 물이 오르락내리락 하는 장치를 통해 공기가 통하도록 하거나 강제로 공기를 넣기도 해. 요즘엔 물속에 고농도의 나를 녹이는 방법도 쓰이고 있어. 이 방법은 물고기를 먼 곳까지 옮기는 데 특히 효과가 좋다고 해.

우리가 잡은 해산물을 이제는 언제 어디서든 신선하게 판매할 수 있어. 산소 덕분에 말이야!

삼투 현상과 돌려짓기

옛날엔 자동차도, 산소 발생기도, 물속에 나를 녹이는 기술도 없었어. 그래서 바다에서 멀리 떨어진 곳에 사는 사람들은 물고기를 먹기가 아주 힘들었지. 하지만 물고기를 아예 먹을 수 없었던 것은 아니야. 물고기를 최대한 오래 저장할 수 있는 좋은 방법을 찾아냈거든. 가장 대표적인 방법이 물고기를 소금에 절이는 거야.

물고기는 물을 벗어나면 죽어서 부패가 시작돼. 그런데 소금을 뿌리면 부패를 막을 수 있단다. 소금이 삼투 현상을 일으켜, 물고기 안에 들었던 수분을 빠져나가게 하거든. 수분이 빠지면 미생물이 활동하기 어려워지고, 물고기가 쉽게 상하거나 썩지 않아.

삼투 현상은 반투막*을 사이에 둔 용액에서 서로 농도 차이가 있을 때 일어나. 농도가 낮은 곳에 있던 물이 반투막을 통과하여 농도가 높은 곳으로 이동하는 현상이지. 배추를 소금에 절이면 시들해지지? 배추 세포 안쪽의 물이, 소금 때문에 농도가 높아진 바깥쪽으로 빠져나가서 그런 거야.

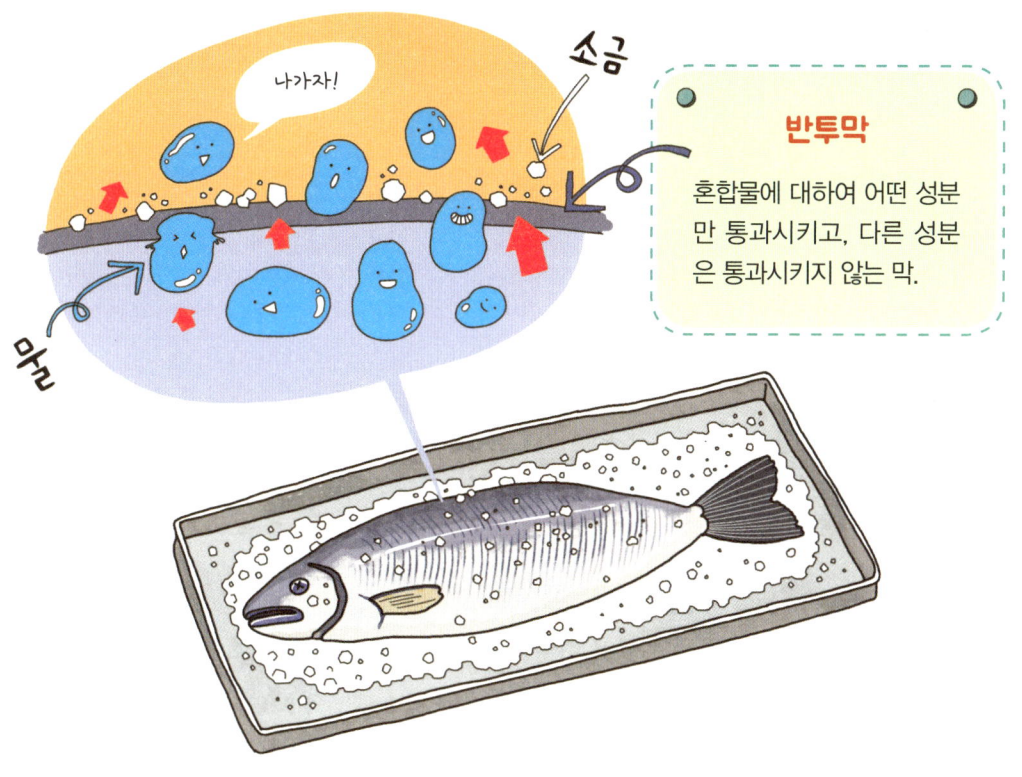

앞에서 산소 농법이 연작 장애 피해를 줄여 준다고 했잖아. 옛날 사람들은 산소 농법을 알지 못한 대신 돌려짓기를 통해 연작 장애를 피했어. 돌려짓기란 같은 땅에 여러 가지 농작물을 해마다 바꾸어 심는 일을 말해. 하나의 작물을 전문적으로 기를 수 없고, 여러 작물 농사법을 익혀야 한다는 단점이 있기는 해도 농작물이 잘 자라게 하려면 어쩔 수 없었지. 돌려짓기는 지금까지도 흔히 사용되는 농사법이란다.

새롭게 떠오르는 산소 시장

최근에는 나를 이용해 건강을 돌보는 제품이 속속 나와 큰 인기를 끌고 있어. 산소 시장이 새롭게 열린 거야!

산소를 마시자, 산소수

산소수는 물에 나를 더 많이 녹여 만든 제품이야. 몸속에 나를 충분히 공급해서 피로를 풀어 준다고 해. 최근 헝가리에서 운동선수를 대상으로 산소수의 효능을 시험해 봤대. 그랬더니 산소수를 마신 운동선수의 기록이 전보다 좋아졌다지 뭐야. 산소수는 화장품을 만드는 데도 활용돼. 산소수를 첨가한 화장품은 뛰어난 보습 효과를 자랑한다는걸?

산소수의 효능에 대해서는 아직까지 의견이 분분하지만, 산소수 시장의 규모는 점점 커지고 있어.

건강을 지키는 산소 캡슐과 산소 바

2002년, 영국의 축구 선수 데이비드 베컴은 월드컵을 앞두고 부상을 당했어. 하지만 산소 캡슐에서 휴식을 취하고 빠르게 회복했지. 이 일로 산소 캡슐에 대한 사람들의 관심이 높아졌단다.

한편 돈을 주고 나를 마실 수 있는 곳이 있대. 이름하여 산소 바(Oxygen Bar)! 공기 관을 통해 산소를 들이마시는 곳이지. 산소 캡슐만큼은 아니어도 피로 회복에 도움이 된다고 해.

산소 차가 나가신다!

창문을 열지 않고 오래 달린 자동차 안에는 내가 부족해. 이러한 상태에서 운전을 하면 쉽게 피로해지며 졸음에 빠지기 쉽고, 교통사고가 일어날 확률도 높아져!

최근에는 산소 차가 개발돼 관심을 끌었어. 트렁크에 산소 발생기를 장치해서 자동차 실내에 나를 공급하는 거지. 신선한 공기를 마시며 운전을 하면 보다 안전하겠지?

산소와 미네랄이 풍부한 '약수'

충청남도 부여에는 '고란사'라는 절이 있어. 고란사 뒤편 바위틈에는 약수가 솟아나는데, 백제 시대의 왕들도 즐겨 마셨다고 해. 고란사 약수에는 재미있는 전설이 얽혀 있단다. 한번 들어 볼래?

아주 먼 옛날, 한 늙은 부부가 살고 있었어. 할머니와 할아버지는 오래도록 사이가 좋았지만 아쉽게도 자식이 없었지. 그러던 어느 날, 할머니 앞에 웬 도사가 나타나 이렇게 말했어.

"고란사의 바위틈에서 나오는 약수를 먹으면 젊음을 찾고 아이를 낳을 수 있을 것입니다."

할머니는 다음 날 새벽에 할아버지를 고란사로 보냈어. 그런데 어찌 된 일일까? 날이 저물도록 할아버지가 돌아오지 않는 거야. 걱정이 된 할머니는 할아버지를 찾으러 갔단다.

그런데 맙소사! 거기에는 할아버지 옷을 걸친 갓난아기만 있었어. 할머니는 잊고 있었던 도사의 말이 그제야 떠올랐지. 약수를 한 번 마실 때마다 세 살씩 젊어진다고 한 것을!

- 충청남도 부여에 있는 고란사야. 절 뒤 바위틈에 고란약수가 흐르고 있단다.

오래전부터 약수는 젊음과 건강을 찾아 주는 샘물로 여겨져 왔어. 일반적으로 약수는 내가 많이 녹아 있고 미네랄이 풍부해서 건강에 이로운 편이야. 그렇다고 무턱대고 마셔서는 안 돼. 해로운 미생물이나 세균에 오염되어 있을 수도 있거든. 약수를 마시기 전에는 수질 검사 결과를 꼭 확인하렴!

미네랄

우리 몸이 생리 기능을 하는 데 필요한 광물성 영양소. 칼륨, 나트륨, 칼슘, 인, 철 등이 있다.

내가 부족해서 지구가 힘들어하고 있대.
지구에는 산소가 풍부하다더니 도대체 무슨 소리냐고?
바로 환경 오염이 심해졌기 때문이야. 이에 대해 자세히 알아볼까?

6. 나와 환경을 지켜 줘!

덥다, 더워!
산소가 부족해!

지구의 목마른 외침 "산소가 부족해!"

요즘 지구가 심상치 않아. 미국과 유럽의 어느 도시들에서는 한겨울에 벚꽃이 피는 일이 벌어졌어. 또 다른 곳에서는 눈이 너무 많이 내려 도시가 마비되었지. 태평양에 있는 몰디브 같은 섬나라들은 100년 안에 바다에 잠길 거란 예측도 있어. 모두 지구의 기온이 높아지는 현상인 '지구 온난화' 때문에 생기는 일들이야.

지구에서 우주로 나가는 적외선을 공기 중의 수증기, 이산화 탄소, 오존 등이 흡수해서 지구 기온을 높게 유지하는 현상을 '온실 효과'라고 해. 빛은 받아들이고 열은 내보내지 않는 온실과 같은 작용을 한다는 데서 이런 이름이 붙었지. 문제는 석유와 석탄 같은 화석 연료를 많이 사용하고 숲이 파괴되면서 이산화 탄소, 메탄 등의 온실 가스 기체가 늘고 있다는 거야.

지구 온난화는 나에게도 영향을 미친단다. 지구 온난화로 바닷속에서 내가 부족해지고 있거든. 바다는 공기 중의 나를 흡수하거나 식물

플랑크톤으로부터 나를 얻어. 물에 떠다니는 작은 생물인 플랑크톤은 광합성을 통해 나를 만들어 내. 그런데 바다의 온도가 너무 올라가면 바다가 나를 흡수하기 어려워지고, 플랑크톤도 살기 힘들어져. 또 바다 깊은 곳에 내가 전달되는 시간도 길어지지. 바닷속에서 내가 부족해지자 바다 생물들이 목숨을 잃는 일이 잦아지고 있어.

산소 공장이라고 불리는 숲이 파괴되면서 땅 위에서도 내가 점점 줄어들고 있단다. 큰 나무 한 그루는 사람 두 명이 하루 동안 숨 쉬는 데 필요한 산소를 뿜어내. 그런데 하루가 다르게 숲이 사라져 가니, 정말 큰일이야.

깨끗한 산소를 사고파는 사람들

불과 20년 전만 해도 물을 사 먹는 것은 익숙하지 않은 일이었어. 물이 풍부하고 또 깨끗했기 때문이지. 그런데 지금은 어때? 물을 사 먹지 않는 사람이 거의 없을 정도지?

이렇게 세상이 바뀐 것처럼 어쩌면 미래에는 나를 사서 마시는 사람들이 많아질지도 몰라. 황사와 미세 먼지 등 심각한 대기 오염 때문에 깨끗한 산소를 찾는 사람이 벌써 하나둘 생기고 있거든.

최근에는 휴대용 '산소 캔'이 인기를 끌고 있대. 공기에서 걸러 낸 산소를 압축해서 캔에 넣어 파는 거야. 보통은 산소 캔의 뚜껑을 캔에 연결한 뒤 입에 가져다 대고 산소를 들이마시는 방식이야.

산소 캔은 특히 중국에서 인기가 많다고 해. 산업화가 급격히 이루어지면서 심각한 대기 오염으로 고통받고 있거든. 한국의 한 기업도 지리산에 있는 나를 모아서 캔에 담아 팔고 있어.

산소냐 미세 먼지냐, 그것이 문제로다!

어느 때인가부터 미세 먼지가 하늘을 뒤덮은 날이 많아졌어. 미세 먼지에는 알루미늄, 구리, 카드뮴, 납과 같은 중금속 물질이 들어 있어. 미세 먼지를 많이 들이마시면 감기와 천식, 결막염, 아토피, 심하면 암에 걸릴 확률까지도 높아진단다.

많은 사람이 이런 고민을 해. '미세 먼지가 심한데 환기를 해야 할까?'

전문가들은 미세 먼지가 심한 날이더라도 실내에서 발생하는 이산화 탄소와 유해 물질을 정화하기 위해 환기를 해야 한다고 말해. 가스렌지로 요리를 하고, 이불을 펴고 덮는 과정에서도 미세 먼지가 많이 발생하기도 하고 말이지. 환기를 통해 내가 집 안으로 들어올 수 있게 하는 것도 중요해. 오랜 시간 환기를 하지 않으면 내가 부족해지거든.

환기를 하기 좋은 시간은 따뜻한 낮 시간이나 바람이 잦아드는 오전 9시, 오후 4시 즈음이야. 낮 시간에는 공기가 데워져 위로 올라가. 공기 순환이 잘 이루어지는 때라서 대기가 깨끗한 편이지. 또 바람이 잦아들면 미세 먼지가 집 안으로 들어오는 걸 피할 수 있어.

 인문과 만난 과학 **중국의 미세 먼지 정화 프로젝트!**

세계 최대의 공기 청정기

중국은 전 세계에서 미세 먼지가 아주 심각한 나라 중에 하나야. 미세 먼지 수준을 넘어 스모그 때문에 골머리를 앓고 있지. 그래서 중국은 수도 베이징 거리에 엄청난 크기를 자랑하는 정화탑을 세웠어. 세계

- '스모그(smog)'는 공기 중의 오염 물질이 안개를 이룬 것처럼 있는 상태를 말해. 영어의 'smoke(연기)'와 'fog(안개)'가 합쳐져서 생긴 말이야.

6. 나와 환경을 지켜 줘!

최대의 공기 청정기라고나 할까?

이 공기 정화탑은 높이가 7미터인데, 매시간 3만 세제곱미터의 공기를 정화한다고 해. 공기 속 미세 먼지를 75퍼센트까지 걸러 낼 수 있다고 알려져 있어. 공기 정화탑이 제 역할을 톡톡히 해서 중국의 공기를 맑게 해 주면 정말 좋겠어.

한반도에 사는 사람들도 아마 같은 마음일 거야. 한반도 안에서 만들어지는 미세 먼지도 어마어마하지만, 중국에서 넘어오는 미세 먼지도 무시할 수 없거든. 중국과 한반도는 지리적으로 아주 가까워. 육지로는 북한과 바로 연결되어 있고, 바다로는 서해로 이어져 있지. 그래서 바람의 방향에 따라 중국에서 발생한 미세 먼지가 한반도로 넘어오는 일이 잦아. 특히 겨울철엔 북서풍이 발달해 피해가 더 심각해.

오호, 시간마다 15톤 화물차 3천 대 분량이나 되는 공기를 정화해 주는 공기 청정기라니!

공기 중에는 세균, 바이러스, 곰팡이, 미세 먼지처럼 건강에 해로운 여러 오염 물질이 섞여 있어. 공기 청정기가 어떤 원리로 공기를 맑게 해 주는지 궁금하지 않니? 공기 청정기는 필터나 전기 작용으로 오염 물질을 제거한단다.

가장 흔히 사용되는 건 필터야. 공기 청정기가 회오리바람을 일으켜 공기를 빨아들이면, 안에 설치된 필터에 오염 물질이 붙고 깨끗한 공기가 걸러져 나오지.

전기 작용으로 오염 물질을 제거하는 공기 청정기는 공기 속 오염 물질에 양(+)전하를 더해 줘. 그리고는 기계 안에 있는 음(-)전하를 띤 판에 오염 물질이 달라붙게 해. 전하는 물체가 띠고 있는 정전기의 양을 말해. 같은 부호의 전하 사이에는 서로 밀어내는 힘이, 다른 부호의 전하 사이에는 서로를 당기는 힘이 작용한단다.

산소보다 경제 발전이 중요하다고?

나는 식물의 광합성을 통해 만들어져. 내가 많이 존재하려면 나무나 숲이 많아야 해. 그런데 경제 발전을 이유로 숲을 파괴하는 나라들이 많아. 당장의 이익만 보고서 산소를 만들어 주는 소중한 숲을 없애는 걸 볼 때마다 무척 속상해. 하지만 나를 지키기 위해 숲을 보호하는 나라들도 있어. 한번 살펴볼까?

죽어 가는 지구의 허파, 브라질 열대 우림

브라질의 아마존 강 유역에 있는 열대 우림은 지구 전체 산소의 20퍼센트를 생산하는 곳이야. '지구의 허파'라고도 불리지. 하지만 오늘날에는 지나친 벌목과 개발로 심각하게 파괴되어 가고 있어.

열대 지역에 있는 오래된 원시림은 새로 만든 숲보다 산소를 내뿜는 능력이 뛰어나. 키가 30~60미터에 이르는 아름드리나무들이 빽빽하게 들어차 있기 때문이야. 이런 열대 우림이 파괴되어 산소가 부족해지면 결국 피해를 입는 건 사람들이란다.

- 종이를 만들거나 값비싼 목재를 얻기 위해, 가축을 키우고 농사지을 땅을 일구기 위해, 도로를 내고 도시를 개발하기 위해 오늘도 숲은 점점 사라져 가고 있어. 숲이 사라지면 산소뿐만 아니라, 숲에서 살던 수많은 동식물까지도 살 곳을 잃게 돼.

브라질의 열대 우림 말고도 인도네시아, 중국, 몽골과 같은 개발 도상국들에서도 지나친 벌목으로 숲이 줄고 있어서 정말 걱정이야.

도시 한가운데 150살 나무가 가득한 캐나다

캐나다 밴쿠버에는 '스탠리 파크'라는 공원이 있어. 공원의 산책로를 조금만 벗어나면 밀림과 같은 풍경을 만날 수 있는 곳이지. 이곳 나무들의 평균 나이는 100~150년이야. 밴쿠버 사람들은 도시 한가운데 있는 공원 덕분에 언제나 신선한 공기를 마실 수 있단다.

- 캐나다 밴쿠버 사람들의 아름다운 휴식처 역할을 하는 스탠리 파크야. 도시공원이지만 사람의 손으로 만들어진 인공 숲이 아닌 자연 그대로의 원시림이지.

캐나다는 나무만 팔아도 200년은 먹고살 수 있다는 우스갯소리가 있을 만큼 나무가 많은 나라야. 한때 지나치게 나무를 많이 베어 문제가 된 적이 있었지만, 곧 문제의 심각성을 깨달았어. 그 뒤로 캐나다 정부는 벌목에 엄격한 기준을 정해 감시하고 있어. 국민들도 지나친 벌목을 행하는 회사의 제품을 사지 않거나 숲 보존을 위한 기부금을 내는 것과 같은 노력으로 나무와 숲을 지키고 있단다.

캐나다 말고도 뉴질랜드, 오스트레일리아, 스위스 등에서도 나라 안에 있는 울창한 원시림을 잘 보호하려고 애쓰고 있어.

 **디자인이 환경과 산소를 살린다!**

에코 디자인

'에코 디자인'이란 환경을 지키는 데 목적을 둔 디자인을 말해. 그렇다고 해서 경제성을 제쳐 두는 게 아니야. 환경과 경제성, 두 마리 토끼를 모두 잡아 실용적인 결과물을 만들어 내지.

에코 디자인의 핵심은 제품의 사용 수명이 길며, 되도록 환경을 오염시키지 않고, 제품을 만드는 데 필요한 물질이 적고, 재활용 가능성도 높아야 한다는 점이야. 다양한 에코 디자인 제품을 한번 구경해 볼까?

에코백(Ecobag)

동물을 희생시키는 가죽, 화학 물질을 이용하는 합성 피혁과 같은 소재 대신에 천으로 만든 가방이야. 가죽이나 합성 피혁 가방보다 가볍고 편하게 메고 다닐 수 있지.

에코컵(Eco Cup)

종이컵을 만들기 위해 베어지는 나무가 얼마나 많은 줄 아니? 플라스틱으로 만드는 일회용 컵은 또 어떻고! 쉽게 썩지도 않아 환경을 더럽히고 지구를 아프게 한단 말이야.

이러한 제품 대신 옥수수 전분으로 만든 컵을 사용해 보자. 나무를 보호할 수 있을 뿐 아니라, 자연에서 분해되는 데 150일밖에 걸리지 않아서 환경 오염도 줄일 수 있어.

웨이브 박스(Wave Box)

폐그물을 재활용해서 만든 생선 보관 상자야. 그동안 생선 보관 상자는 나무나 플라스틱으로 만들어져 왔어. 환경에 부담을 주고 사용하는 데도 불편이 많았지. 바닥이 평평해서 얼음이 쏠리는 경우가 많았거든. 하지만 웨이브 박스는 바닥이 물결 모양으로 디자인되어 얼음을 골고루 깔 수 있어. 표면에 난 작은 구멍으로 물도 잘 빠지고 말이야. 시장에서는 뒤집어서 가판대로도 사용할 수 있다고 해.

사진 제공_김은정, PVC Eco Design Award

워터 드롭(Water Drop)

사진 제공_esteric better things

샤워기에 걸어 두고 쓰세요!

많은 사람이 미리 물을 틀어 놓고 따뜻한 물이 나오기 시작하면 샤워를 해. 이때 버려지는 물의 양이 3~6리터나 된대. 어마어마하지?

워터 드롭은 샤워기에 걸어서 낭비되는 물을 모을 수 있도록 디자인됐어. 샤워기를 워터 드롭 안에 넣고 따뜻한 물이 나올 때까지 물을 틀어 놓기만 하면 돼. 이렇게 모은 물은 식물에 주거나 청소를 하는 데 사용할 수 있지. 팔에 걸 수 있는 손잡이가 달려 있어서 들고 다니기에도 편해.

버려진 물을 다시 깨끗하게 만들려면 에너지가 필요하고, 이 에너지를 만들기 위해 환경이 파괴되기도 해. 그러니 평소에 물을 아껴 쓰는 습관을 지니면 좋겠지?

6. 나와 환경을 지켜 줘! 157

산소를 지키는 작지만 큰 실천

　일본의 한 교수는 내가 지구에서 해마다 10만분의 1씩 줄어들고 있다고 말했어. 이 주장대로라면 10만 년 뒤에는 지구에서 내가 없어지게 돼. 산소 없는 지구, 곧 생명체가 살 수 없는 지구가 되는 거지. 아휴, 상상도 하기 싫다! 나는 오래도록 지구에 머물고 싶단 말이야. 그렇다면 나를 잃지 않고, 인류를 비롯한 생명체들도 지구에서 오래오래 살기 위해서는 어떻게 하면 좋을까?

　나를 지키는 방법은 생각보다 쉬워. 지구 온난화가 더 심해지지 않도록 석탄, 석유 등의 화석 연료 사용을 줄이면 돼. 나를 뿜어내는 숲을 더 많이 늘리는 것도 좋은 방법이지.

　"이번 한 번쯤이야." 하는 생각 보다는 "지금부터 실천하자." 하는 마음으로 나를 지켜 주렴!

TIP 산소를 지킬 수 있는 생활 습관

가까운 곳은 걸어가거나 자전거, 대중교통을 이용하면 온실 가스를 줄일 수 있어!

물건을 아껴 쓰는 것도 좋은 방법이야. 공장에서 물건을 만들 때도 화석 연료가 많이 쓰이거든.

나무가 가득한 숲을 소중히 지켜 나가자! 나무는 이산화 탄소를 흡수하고, 산소를 뿜어내 주니깐 말이야.

종이는 나무로 만드는 것을 잘 알고 있지? 종이를 아껴 쓰는 것 잊지 마!

 **인문과 만난 과학** 이산화 탄소를 쪼개면 산소가 된다?
『마션』에서 배우는 산소를 만드는 방법

내가 부족하면 만들 수는 없을까? 소설이면서 영화로 만들어지기도 한 『마션』에서 그 해답을 찾을 수 있어.

소설 속 주인공 와트니는 화성을 탐사하던 중 사고를 당해서 화성에 고립되고 말아. 와트니는 구조대가 도착할 때까지 살아남기 위해 반드시 나를 만들어 내야 했지. 와트니는 어떻게 했을까?

와트니는 이산화 탄소를 이용했어. 화성 상승선의 연료 발생기에서 나오는 이산화 탄소(CO_2)를 분해하여 나(O_2)를 만들었지. 실제로 미국 항공 우주국은 이산화 탄소를 나로 바꾸는 기술을 개발했다고 해.

와트니의 화성 생존기를 더 이야기해 줄게. 와트니는 산소 외에도 충분한 양의 식량을 마련해야 했어. 다행히 우주 기지에는 척박한 환경에서도 잘 자라는 감자가 남아 있었지. 화성의 흙과 똥을 섞어 토양도 마련해 냈어. 그리고 곧 간단한 과학 원리를 이용해 물(H_2O)을 만드는 데도 성공했단다. 바로 수소(H)와 나(O)를 결합해서 말이야!

이를 거꾸로 활용하면 물(H_2O)을 이용해 수소(H)와 나(O)를 만들어 낼 수 있어. 물 분자를 전기를 통해 쪼개면 돼. 실제 우주 비행선에서도 이 원리를 활용한 산소 발생기를 쓰고 있어. 산소 발생기에서 만들어진 나는 따로 저장되고, 수소는 다시 물을 만드는 데 사용되거나 우주에 버려진다고 해.

내가 없는 세상을 상상해 본 적 있니?
지구에 생명체가 살 수 있는 건 다 내 덕분이야.
그런 내가 없다면, 지구는 어떻게 될까?

7. 나를 대신할 수 있는 것은 없을까?

나무와 숲을 잘 가꿔서 나를 지켜 주길 바라!

지구에서 산소가 영영 사라진다면?

산소가 없으면 정말 호흡할 수 없는 걸까?

 살림이

지구에서 살아가는 거의 모든 생물은 나를 들이마셔서 호흡해. 내가 없으면 생명을 이어 갈 수 없지.

산소

왜 꼭 산소여야 해? 공기 속 여러 가지 기체 가운데 산소만이 호흡에 쓰이는 이유가 뭐야?

 살림이

그건 내가 분해하기 쉬운 물질이며, 나를 통해 호흡해서 에너지를 얻는 게 가장 효율적이기 때문이야.

공기 중에 가장 많이 들어 있는 기체인 질소는 삼중 결합으로 원자들이 꽁꽁 묶여 있어. 이걸 분해하려면 엄청나게 많은 에너지가 필요하단다.

산소

산소를 대신할 물질을 개발하는 건 어때?

 살림이

많은 과학자가 나를 대체할 물질을 만들기 위해 연구하고 있어. 하지만 아직까지 성공하지 못했지.

만약 누군가 나를 대신할 물질을 발견하거나 만들어 낸다면 전 세계 사람들의 존경을 한 몸에 받게 될 거야.

산소

산소를 대체할 물질이 없는데, 지구에서 산소가 사라지면 어떻게 하지?

 살림이

내가 사라진다면? 으, 생각도 하기 싫다!

하지만 이런 상상이 현실이 되지 말라는 법은 없지. 나를 만들어 내는 나무가 지나친 개발로 점점 사라져 가고 있으니까 말이야.

산소

산소를 소개하는 책

펴낸날	초판 1쇄 2018년 3월 30일
지은이	박정란 · 서재인
그린이	권석란
펴낸이	심만수
펴낸곳	(주)살림출판사
출판등록	1989년 11월 1일 제9-210호
주소	경기도 파주시 광인사길 30
전화	031-955-1350 팩스 031-624-1356
홈페이지	http://www.sallimbooks.com
이메일	book@sallimbooks.com
ISBN	978-89-522-3911-2 73400

살림어린이는 (주)살림출판사의 어린이 브랜드입니다.

※ 값은 뒤표지에 있습니다.
※ 잘못 만들어진 책은 구입하신 서점에서 바꾸어 드립니다.

이 도서의 국립중앙도서관 출판시도서목록(CIP)은 서지정보유통지원시스템 홈페이지
(http://seoji.nl.go.kr)와 국가자료공동목록시스템(http://www.nl.go.kr/kolisnet)에서
이용하실 수 있습니다.(CIP제어번호: CIP2018008550)

책임편집 · 교정교열 이은경

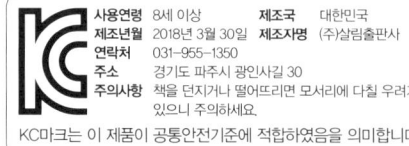